Luis Ramos · Spanisch im Alltag 2

W0062930

Die Deutsche Nationalbibliothek verzeichnet diese Publikation in der
Deutschen Nationalbibliografie; detaillierte bibliografische Daten sind
im Internet abrufbar über http://dnb.dnb.de.

© 2013 Verlag Verena Zech, Santa Úrsula (Teneriffa)
   Text: Luis Ramos Ordoqui
   Cover und Illustrationen: Karin Tauer
   Autorenfoto: Frank Weinschenk

Druck: Gráficas La Paz
Depósito legal: J-685-2013
ISBN 978-84-938151-7-2
Printed in Spain

Luis Ramos Ordoqui

Spanisch
im Alltag 2

Zech Verlag

Inhaltsverzeichnis * Índice

1 Wie war...? * ¿Qué tal...?

Es kommt oft vor, dass man fragen möchte: »Wie war das Fest?«,
»Wie war der Ausflug… das Konzert…?« *Wer sich bereits mit
Vergangenheitsformen auseinander gesetzt hat, wird auf* »**fue,
estaba, era, estuvo, ha estado, ha sido**« *stoßen, und alle bedeuten*
»war«. *Es wird sich also dann herausstellen: wer die Wahl hat, hat
die Qual, dennoch ist die Sache einfach, denn wir können auf jedes
spanische* »war« *dieser Art verzichten:*

Wie war das Konzert?	¿Qué tal el concierto?
Wie war das Fest?	¿Qué tal la fiesta?
Wie war der Urlaub?	¿Qué tal las vacaciones?
Wie war der Film?	¿Qué tal la película?
Wie war das Essen?	¿Qué tal la comida?

¿Qué tal? *kann man auch dann benutzen, wenn man im Deutschen
nach Menschen oder Dingen so fragt:*

»Was macht...?«, »Wie geht es…?« *oder* »Wie ist…?«

Wie geht es Ihrem Mann?	¿Qué tal su marido?
Wie geht es Ihrer Frau?	¿Qué tal su mujer?
Wie geht es den Kindern?	¿Qué tal los niños?
Wie geht es Ihrer Tochter?	¿Qué tal su hija?
Wie geht es Ihrem Sohn?	¿Qué tal su hijo?
Was macht Ihr Rücken?	¿Qué tal su espalda?
Was macht Ihr Knie?	¿Qué tal su rodilla?
Was macht das Wetter in Deutschland?	¿Qué tal el tiempo en Alemania?
Wie ist / wie läuft der Kurs?	¿Qué tal el curso?

❏ *Antworten*　　　　❏ respuestas

Auf diese Fragen kann man in ganz einfacher Weise antworten,
auch wenn man der spanischen Sprache noch nicht mächtig ist:

gut	bien	*sehr gut*	muy bien
schlecht	mal	*sehr schlecht*	muy mal
mittelmäßig	regular		

Wie war die Ausstellung?　　　　¿Qué tal la exposición?
　- *Sehr gut.*　　　　　　　　　　 - Muy bien.

Wie ist/war das Hotel?　　　　　 ¿Qué tal el hotel?
　- *Mittelmäßig.*　　　　　　　　　 - Regular.

Minitest 🖊　　　　　　**Wie sagen Sie auf Spanisch?**

Wie war der Ausflug? - Sehr gut.

Was macht die Familie? - Es geht so.

Wie geht es Ihrem Nachbarn? - Schlecht.

Wie läuft das Geschäft? - So lala.

Lösung: ¿Qué tal la excursion? Muy bien. ¿Qué tal la familia? Regular. ¿Qué
tal su vecino? Mal. ¿Qué tal el negocio? Regular.

Sie können auch nach Folgendem fragen:

¿Qué tal todo?

das Hotelzimmer	la habitación del hotel
Ihr/e Freund/in	su amigo/a
Ihre Freunde	sus amigos
der Garten	el jardín
die Reise, die Fahrt	el viaje
die Arbeit	el trabajo
die Schule	la escuela
die Siedlung	la urbanización
das Abendessen	la cena
die Suppe	la sopa
die Wunde	la herida
die Verletzung	la lesión
das Wetter	el tiempo
die Katze	el gato
der Hund	el perro

¿QUE TAL LA MEDUSA?

2 Am Flughafen * En el aeropuerto

 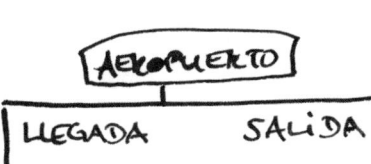 

❏ *Wortschatz*	❏ **vocabulario**
der Flughafen	el aeropuerto
das Flugzeug	el avión
der Flug	el vuelo
der Schalter	el mostrador
die Gepäckabfertigung	la facturación
das Checkin (Passagiere)	el embarque
der Flugsteig	la puerta de embarque
die Sicherheitskontrolle	el control de seguridad
der Passagier, der Fluggast	el pasajero
die Fluggesellschaft	la compañía aérea
das Gepäckband	la cinta
die Gepäckaufbewahrung	la consigna

❏ *Gepäck*

der Koffer

das Gepäck

das Handgepäck

die Reisetasche

der Rucksack

der Kinderwagen

das Gewicht

das Übergewicht

❏ **equipaje**

la maleta

el equipaje

el equipaje de mano

el bolso

la mochila

el coche de niño, la silla de niño

el peso

el sobrepeso

❏ *Mitteilungen*

der Aufruf

letzter Aufruf

über Lautsprecher

das Ziel

nach, mit Ziel

die Verspätung

nicht verspätet

Abflug

Ankunft

startklar

❏ **comunicaciones, avisos**

el aviso

último aviso

por megafonía, por altavoces

el destino

con destino

el retraso

en hora

salida

llegada

listo para despegar

❏ *Dokumente, Papiere* | ❏ **documentos, papeles**

der Flugschein — el billete
die Bordkarte — la tarjeta de embarque
der Personalausweis — el carnet de identidad
der Pass — el pasaporte

❏ *die Besatzung* | ❏ **la tripulación**

der Pilot — el piloto
die Stewardess — la azafata
der Steward — el auxiliar de vuelo, azafato
der/die Chefsteward/ess — el sobrecargo

❏ *im Flugzeug* | ❏ **en el avión**

der Sitzplatz — el asiento
der Gang — el pasillo
die Sitzlehne — el respaldo
senkrecht — en posición vertical
das Gepäckablagefach — el compartimento para el equipaje de mano

die Gepäckablage — el portaequipajes
das Fenster — la ventanilla
der Sicherheitsgurt — el cinturón de seguridad
die Toilette — el servicio, el aseo
die Kabine — la cabina

❏ *Tätigkeiten*	❏ **acciones**
Gepäck aufgeben, einchecken	facturar
an Bord gehen, einchecken	embarcar
durch die Sicherheitskontrolle gehen	pasar por el control de seguridad
warten	esperar
zeigen, vorzeigen	enseñar
abgeben	entregar
geben	dar
fragen	preguntar
Platz nehmen	tomar asiento
sich setzen	sentarse
vergessen	olvidar
verlieren	perder
finden	encontrar
legen, stellen, setzen	poner, colocar
herausholen	sacar
kaufen	comprar
bitten, verlangen	pedir
landen	aterrizar
starten	despegar, salir

❏ *Sätze*

mit Freunden:

Morgen fliege ich nach Deutsch-land / Österreich / in die Schweiz.

Ich fahre mit dem Bus / Taxi zum Flughafen.

Mich fährt ein Freund zum Flughafen.

Hast du viel Gepäck dabei?

Wann fliegt die Maschine?
Um 11 Uhr 30.

Wann kommst du in Frankfurt an?
Um 15 Uhr 25.

Wann fliegst du zurück?

Ich komme Ende Oktober zurück.

❏ frases

con amigos:

Mañana voy a Alemania / Austria / Suiza.

Voy en autobús / guagua / taxi al aeropuerto.

Me lleva un amigo al aeropuerto.

¿Llevas mucho equipaje?

¿Cuándo sale el avión?
A las once y media.

¿Cuándo llegas a Frankfurt?
A las tres y veinticinco de la tarde.

¿Cuándo vuelves?

Vuelvo a últimos de octubre.

Per »Sie«

Wenn ich meinen Sprechpartner sieze, dann verlieren alle Du-Formen das »s«: **lleva, llega, vuelve**.

Wenn ich mehrere Leute per Sie anrede, bekommen diese Verben ein »n« dazu: **llevan, llegan, vuelven**.

Die Antworten sehen in der wir-Form dann so aus: Mañana **vamos** a Alemania... **Vamos** en autobús... **Nos** lleva un amigo... **Volvemos** a últimos de octubre...

❏ *Am Schalter*

Ihren Flugschein, bitte!

Möchten Sie Gang oder Fenster?

Der Koffer hat Übergewicht.

Haben Sie Handgepäck?

Hier, bitte, Ihre Bordkarte.

Flugsteig Nummer 17.

Das Checkin ist um 10 Uhr.

❏ en el mostrador

¡Su billete, por favor!

¿Quiere pasillo o ventanilla?

La maleta tiene sobrepeso.

¿Tiene equipaje de mano?

Aquí tiene su tarjeta de embarque.

Puerta de embarque número diecisiete.

El embarque se efectuará a las diez.

❏ *Mitteilungen*

Die Maschine nach Berlin hat 30 Minuten Verspätung.

Letzter Aufruf für Herrn González.

Frau Pérez wird gebeten, sofort an Bord zu gehen.

❏ avisos, comunicados

El vuelo con destino Berlin tiene un retraso de treinta minutos.

Último aviso para el señor González.

Se ruega a la señora Pérez, proceda a embarcar inmediatamente.

Alle Passagiere werden gebeten, auf ihr Eigentum aufzupassen.

Se ruega a todos los pasajeros, estén atentos a sus pertenencias.

Herr Schmidt wird gebeten, zum Schalter Nr. 5 zu gehen.

Se ruega al señor Schmidt, acuda al mostrador número cinco.

Die Maschine nach Zürich fliegt um 17 Uhr ab.

El vuelo con destino Zurich efectuará su salida a las diecisiete horas.

Die Maschine aus Wien hat eine Verspätung von 20 Minuten.

El vuelo procedente de Viena tiene un retraso de veinte minutos.

❏ *in der Maschine*

❏ **en el avión**

Bitte, nehmen Sie Platz!

¡Por favor, vayan tomando asiento!

Bitte, schnallen Sie sich an!

¡Abróchense los cinturones!

Bitte, stellen Sie die Lehne Ihres Sitzes senkrecht!

¡Pongan el respaldo de su asiento en posición vertical!

Bitte, klappen Sie den Tisch hoch!

¡Cierren la mesita!

Wir bitten um Ihre Aufmerksamkeit.

Les rogamos presten atención.

Sie können Ihr Handgepäck unter Ihren Sitz stellen.

Pueden colocar el equipaje de mano debajo de su asiento.

Guten Flug!   *¡Buen viaje!*

(Gesiezt, an einen gerichtet):   **¡Que tenga un buen vuelo!**
(Gesiezt, an mehrere):   **¡Que tengan un buen vuelo!**

❏ *nach der Landung*

❏ **después de aterrizar**

Auf welchem Band kommt mein Gepäck raus?	¿Por qué cinta sale mi equipaje?
Auf Band Nr. 4.	Por la cinta número cuatro.
Woher kommen Sie?	¿De dónde viene?
Von Stuttgart.	De Stuttgart.
Welchen Flug haben Sie?	¿Qué vuelo tiene?
Wo ist der Taxistand?	¿Dónde está la parada de taxis?
Wo ist die Bushaltestelle?	¿Dónde está la parada de autobús?
Wo kann ich hier ein Auto mieten?	¿Dónde puedo alquilar un coche?
Ich finde mein Gepäck nicht.	No encuentro mi equipaje.
Mein Koffer ist verloren gegangen.	Mi maleta se ha extraviado.
Wo kann ich mich nach ... erkundigen?	¿Dónde puedo informarme sobre ...?
Ich möchte eine Reklamation machen.	Quiero hacer una reclamación.
Der Koffer ist kaputtgegangen.	La maleta se ha roto.

Wasser und Wetter

¿Qué tal está el agua?	Wie ist das Wasser?
Está fría.	Es ist kalt.
Está templada.	Es ist lauwarm.
Está bien.	Es ist in Ordnung.
¿Qué tiempo hace?	Wie ist das Wetter?
Hace calor.	Es ist warm.
No hace calor.	Es ist nicht warm.
Hace sol.	Die Sonne scheint.
Está nublado.	Es ist bewölkt.

❏ **Wortschatz**

❏ **vocabulario**

der Sand	la arena
der Sonnenschirm	la sombrilla
das Meer	el mar
der Stein	la piedra
der Himmel	el cielo
der Fels	la roca
die Welle	la ola
die Wolke	la nube
die Temperatur	la temperatura
die Liege	la tumbona

es ist gefährlich	es peligroso
es ist nicht gefährlich	no es peligroso
der Wind	el viento
die Brise	la brisa
die Strömung	la corriente
der Sog	la resaca
der Wellengang	el oleaje
es ist windig	hace viento
Ist das Trinkwasser?	¿Es agua potable?
da sind Quallen	hay medusas

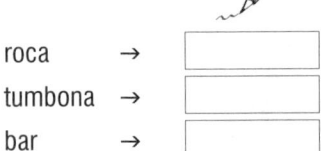

Einzahl und Mehrzahl

Endung auf Selbstlaut → + **s**   piedra → piedra**s**

Endung auf Mitlaut → + **es**   autobús → autobus**es**

Probieren Sie es selbst:

ola	→		roca	→	
nube	→		tumbona	→	
hotel	→		bar	→	

Die Geschlechtswörter:	**Einzahl**	**Mehrzahl**
spanisch männlich:	el	los
	el autobús →	lo**s** autobus**es**
spanisch weiblich:	la	las
	la ola →	la**s** ola**s**

❏ *Der Bademeister*   ❏ El socorrista

vorsichtig	con cuidado	*Vorsicht!*	¡Cuidado!
Achtung!	¡Atención!	*verboten*	prohibido
grüne Flagge	bandera verde	*rote Flagge*	bandera roja
Kommen Sie mit!	¡Venga conmigo!	*Sei vorsichtig!*	¡Ten cuidado!
Komm hierher!	¡Ven aquí!	*Geben Sie acht!*	¡Tenga cuidado!
Rotkreuzstand	puesto de la Cruz Roja	*Baden verboten!*	¡Prohibido bañarse!
keine Gefahr	no hay peligro		

Schwimm nicht zu weit weg vom Ufer.	No te alejes mucho de la orilla.
Die Kinder spielen am Ufer.	Los niños juegan en la orilla.
Sollen wir tauchen?	¿Buceamos?
Hast du Tauchmaske und Flossen mit?	¿Has traído gafas y aletas?
Ich habe den Schnorchel verloren.	He perdido el tubo.
Ist da noch Platz?	¿Hay todavía sitio?
Ist der Platz hier frei?	¿Está libre este sitio?
Wieviel kostet ...?	¿Cuánto cuesta?
Wo kann man hier gut essen?	¿Dónde se puede comer bien por aquí?

Minitest 🖉   **Wie sagen Sie auf Spanisch?**

Vorsicht! Eine Welle!

Kommen Sie mit!

Ich möchte eine Liege.

Ist das Trinkwasser?

Lösung: ¡Cuidado, una ola! ¡Venga conmigo! Quiero una tumbona. ¿Es agua potable?

Einzahl	**... und Mehrzahl?** 🖉
café	reloj
hotel	ciudad
playa	color
bebida	cerveza

Lösung: cafés, relojes, hoteles, ciudades, playas, colores, bebidas, cervezas

4 Die Beugung der Verben I *
La conjugación de los verbos I

Unter »Beugung« (auch Konjugation genannt) versteht man die Verwandlung der Tätigkeitswörter (Verben) in ihren Endungen, damit die jeweilige Person zu erkennen ist:

spiel**e** (ich), spiel**st** (du), spiel**en** (wir, sie oder Sie)...

Im Deutschen werden die gebeugten Verbformen stets von persönlichen Fürwörtern begleitet: ich, du, er-sie-es, wir, ihr, sie, Sie.

Fehlen diese, dann wird entweder keine Person darin erkannt, wie bei »spielen«, »laufen«, »nähen«, sondern nur die Tätigkeit an sich (gegenüber »wir spielen«, »sie laufen«, »nähen Sie?«), oder es handelt sich um eine Aufforderung an jemanden, den ich duze: »spiele«, »gehe raus!«, »frage!« (jeweils »du«).

Im Wörterbuch finden wir die Tätigkeitswörter (Verben) stets ungebeugt, d.h. in ihrer Grundform. Im Deutschen enden sie dann immer auf »n«, (lächeln, sein, stolpern), jedoch fast immer auf »en« (drehen, lassen, nehmen).

Im Spanischen enden sie auf »r«, allerdings steht davor entweder ein »a«, »e« oder ein »i«, also: -**ar**, -**er**, -**ir** wie: **hablar, comer, escribir,** was außerordentlich wichtig ist für die spätere Beugung, denn je nach Endung (»ar«, »er«, »ir«) werden sie verschiedene Endungen erhalten. Sich mit der Beugung auszukennen, erfordert erstmal, das System kennen zu lernen und dann die entsprechende Übung in Angriff zu nehmen.

Irrt man sich mit den Endungen, dann kommt dabei raus: »Ich spielt Karten.« »Spielen du auch Karten?« »Willst ihr mitkommen?«.

Also lohnt es sich bestimmt, einen Blick auf dieses System zu werfen. Mein Anliegen ist es, Sie in einigen Kapiteln hiermit vertraut zu machen.

Als Erstes kümmern wir uns um Verben der Gruppe -ar:

habl<u>ar</u>	*sprechen*	entr<u>ar</u>	*hineingehen*
salud<u>ar</u>	*begrüßen*	esper<u>ar</u>	*warten*
contest<u>ar</u>	*antworten*	solicit<u>ar</u>	*beantragen*
busc<u>ar</u>	*suchen*	pes<u>ar</u>	*wiegen*
necesit<u>ar</u>	*brauchen, benötigen*		

Wenn wir Verben der Endung **-ar** *im Gespräch verwenden möchten, gehen wir so vor:*

1. Streichen der Endung »**-ar**«
2. Hinzufügen der Endung, die der jeweiligen Person entspricht:

ich	-o
du	-as
er, sie, es	-a
wir	-amos
ihr	-áis
sie (Mz.)	-an
Sie (Ez.)	-a
Sie (Mz.)	-an

Sie möchten sagen: »Wir gehen hinein.«

1. Sie nehmen die Grundform **entrar** *ohne* -ar	= entr...	
2. Die wir-Endung ist:	-amos	
3. Lösung:	entr + amos	= **entramos**

❏ *Beispiele*   ❏ **ejemplos**

preguntar	*fragen*
entrar	*hineingehen*
comprar	*kaufen*

Ein vollständiges Beispiel für die Beugung:

lassen / dejar

ich lasse	dejo
du lässt	dejas
er/sie/es lässt	deja
wir lassen	dejamos
ihr lasst	dejáis
sie lassen	dejan
Sie (Ez.) lassen	deja
Sie (Mz.) lassen	dejan

ich kaufe	compr	-o
er fragt	pregunt	-a
du gehst hinein	entr	-as
Sie (Ez.) fragen	pregunt	-a

Wichtig:

Die Endungen **-o** *und* **-a** *haben bei der Beugung nichts mit männlich oder weiblich zu tun. Folglich bedeutet* »pregunt<u>o</u>« = ich frage, *unabhängig davon, ob ich eine Frau oder ein Mann bin. Und das gleiche gilt für* »pregunt<u>a</u>« = er oder sie fragt.

Ich hoffe, es macht Ihnen Freude, Spanisch so zu entdecken, und es bringt Sie weiter in der Kommunikation.

❏ **Sätze**   ❏ **frases**

Ich arbeite hier.	Trabajo aquí.
Wir gehen rein in das Hotel.	Entramos en el hotel.
Sie warten am Strand.	Esperan en la playa.

Übung ✏ **Beugen Sie folgende Verben durch!**

buscar (suchen)

ich	du	er/sie/es	Sie (Ez.)
wir	ihr	sie	Sie (Mz.)

saludar (grüßen)

ich	du	er/sie/es	Sie (Ez.)
wir	ihr	sie	Sie (Mz.)

necesitar (brauchen)

ich	du	er/sie/es	Sie (Ez.)
wir	ihr	sie	Sie (Mz.)

esperar (warten)

ich	du	er/sie/es	Sie (Ez.)
wir	ihr	sie	Sie (Mz.)

Achtung: Doppelung

Die Wörtchen: **ich, du, er, sie, es etc.** gibt es im Spanischen auch, nur sind sie im Satz zumeist nicht notwendig, weil die Endungen der gebeugten Verbformen diese bereits enhalten. Nur manchmal kommen sie vor, vor allem wenn klargestellt werden soll, wer genau gemeint ist, oder wenn eine Person im Satz besonders betont werden soll. Diese Wörtchen (Fürwörter) heißen im Spanischen:

ich		yo
du		tú
er		él
sie	(Frau)	ella
wir	(Männer o. gemischte Gruppe)	nosotros
wir	(ausschl. Frauen)	nosotras
ihr	(Männer o. gemischt)	vosotros
ihr	(ausschl. Frauen)	vosotras
sie alle	(Männer o. gemischt)	ellos
sie alle	(ausschl. Frauen)	ellas
Sie	(höflich, Ez.)	usted
Sie	(höflich, Mz.)	ustedes

Die Verdoppelung, die sich ergibt, wenn man Fürwörter <u>und</u> gebeugte Verbform nimmt, kommt selten vor, ist aber nicht falsch, wenn die Situation sie erfordert:
Nosotros entramos. / Wir gehen hinein.

Die Betonung, die sich durch die Verdoppelung ergibt, lässt erkennen, dass <u>andere</u> Personen <u>auch</u> oder vielleicht <u>nicht</u> hineingehen - aber <u>wir</u> schon. So als würde man im Deutschen sagen: Wir gehen rein... und ihr... ihr auch? Ansonsten, wenn keine weiteren Personen im Spiel sind, heißt es nur:
Entramos. / Wir gehen hinein.

Minitest ✎

Wie sagen Sie auf Spanisch?

Monika fragt im Büro.

Ich gehe hinein.

Wir brauchen eine Telefonnummer.

¿Was suchen Sie (Frau Iglesias)?

Lösung: Monika pregunta en la oficina. Entro. Necesitamos un número de teléfono. ¿Qué busca (señora Iglesias)?

5 Die Beugung der Verben II *
La conjugación de los verbos II

Als Zweites kommen die Verben der Gruppe -er:

com**er**	essen	beb**er**	trinken
le**er**	lesen	met**er**	hineintun
comprend**er**	verstehen, begreifen	deb**er**	schulden, sollen

*Auch hier, wie schon bei der »**-ar**«-Gruppe, entledigen wir uns der Endung »**-er**«, damit wir Platz haben für die neuen Endungen, die dann auch mit der jeweiligen Person übereinstimmen werden:*

com	-o	(ich)
beb	-es	(du)
comprend	-e	(er, sie, es, Sie)
met	-emos	(wir)
le	-éis	(ihr)
deb	-en	(sie, Sie)

❏ Beispiele ❏ ejemplos

wir essen	comemos	*ich verstehe*	comprendo
ich esse	como	*sie essen*	comen
er versteht	comprende	*du liest*	lees
ihr trinkt	bebéis	*wir sollen*	debemos
Paula liest	lee	*du begreifst*	comprendes
du schuldest	debes	*sie soll*	debe

Ein vollständiges Beispiel für die Beugung:

essen / comer

ich esse	como
du isst	comes
er/sie/es isst	come
wir essen	comemos
ihr esst	coméis
sie essen	comen
Sie (Ez.) essen	come (Höflichkeitsform)
Sie (Mz.) essen	comen (Höflichkeitsform)

❏ *Bilden wir Sätze!*

Wir essen hier.	Comemos aquí.
Ich lese die Zeitung.	Leo el periódico.
Wir stellen das Auto in die Garage.	Metemos el coche en el garaje.
Manchmal trinke ich Tee.	A veces bebo té.
Sie versteht alles.	Comprende todo.

❏ *Mit Verneinung*

Er versteht die Frage nicht.	No comprende la pregunta.
Sie liest die Broschüre nicht.	No lee el folleto.
Hier essen wir heute nicht.	Aquí no comemos hoy.
Ich soll nicht schwimmen.	No debo nadar.
Ich trinke nichts.	No bebo nada.

❏ *Als Frage*

Verstehen Sie (einer) alles?	¿Comprende todo?
Trinken Sie (mehrere) etwas?	¿Beben algo?
Stellt ihr den Käse in den Kühlschrank?	¿Metéis el queso en la nevera?
Esst ihr heute bei Olga?	¿Coméis hoy en casa de Olga?
Gibst du das Obst in den Beutel?	¿Metes la fruta en la bolsa?

❏ *Mit Fragewörtern*

Wo soll ich warten?	¿Dónde debo esperar?
Was trinkst du?	¿Qué bebes?
Wer versteht es nicht?	¿Quién no lo comprende?
Wann isst du in Puerto?	¿Cuándo comes en Puerto?
Warum lesen Sie (einer) es nicht?	¿Por qué no lo lee?

Minitest ✎   **Wie sagen Sie auf Spanisch?**

Am Sonntag essen wir in Santa Úrsula.

Warum trinken Sie (meine Herrschaften) keine Säfte?

Wer versteht die Lage?

Was liest du?

Lösung: El domingo comemos en Santa Úrsula. ¿Por qué no beben zumos?
¿Quién comprende la situación? ¿Qué lees?

Die Beugung der Verben III *
La conjugación de los verbos III

Wie besprochen, gibt es 3 Verbfamilien, die anhand ihrer Endungen aufgeteilt sind in:

1 **-ar**	2 **-er**	3 **-ir**
hablar	comer	vivir
reden, sprechen	essen	leben, wohnen

Zur Erinnerung sei hier nochmal erwähnt, wie die Endungen der ersten zwei Familien aussehen, wenn wir die Tätigkeitswörter durchbeugen (ich spreche, du isst... usw.):

	hablar		**comer**	
ich	habl	-o	com	-o
du	habl	-as	com	-es
er, sie, es	habl	-a	com	-e
Sie (Ez.)	habl	-a	com	-e
wir	habl	-amos	com	-emos
ihr	habl	-áis	com	-éis
sie	habl	-an	com	-en
Sie (Mz.)	habl	-an	com	-en

Nun ist die dritte Gruppe an der Reihe, die Verben mit -ir:

escribir	schreiben	vivir	wohnen, leben
abrir	öffnen	partir	abfahren, verreisen, auch: brechen

Bei der »**-ar**«-Gruppe kam, bis auf die ich-Form, das A von »**-ar**« durchgehend vor, und bei der »**-er**«-Gruppe war es das E, das sich in allen Formen wiederholt. Nun, bei der »**-ir**«-Gruppe kommt das I der Endung nur zweimal vor; die übrigen Endungen sind dieselben wie die der »**-er**«-Gruppe.

Ein vollständiges Beispiel für die Beugung:

öffnen / abrir

ich öffne	abro
du öffnest	abres
er/sie/es öffnet	abre
wir öffnen	abrimos
ihr öffnet	abrís
sie öffnen	abren
Sie (Ez.) öffnen	abre (Höflichkeitsform)
Sie (Mz.) öffnen	abren (Höflichkeitsform)

❏ *Sätze*

Wir wohnen auf Teneriffa.

Ich schreibe einen Brief.

Ihr öffnet nicht.

Wer wohnt hier?

Warum öffnen Sie den Koffer?

Wo wohnst du?

Ich wohne in Köln.

Wir essen im Hotel.

Er öffnet das Paket.

❏ **frases**

(vivir) Vivimos en Tenerife.

(escribir) Escribo una carta.

(abrir) No abrís.

(vivir) ¿Quién vive aquí?

(abrir) ¿Por qué abre la maleta?

(vivir) ¿Dónde vives?

(vivir) Vivo en Colonia.

(comer) Comemos en el hotel.

(abrir) Abre el paquete.

Beispiele aus den 3 Familien:

Wir gehen rein in das Hotel.	(entrar) Entramos en el hotel.
Wir essen im Hotel.	(comer) Comemos en el hotel.
Wir öffnen das Paket.	(abrir) Abrimos el paquete.
Ich arbeite hier.	(trabajar) Trabajo aquí.
Ich trinke Säfte.	(beber) Bebo zumos.
Ich wohne in Köln.	(vivir) Vivo en Colonia.

Minitest  **Möchten Sie ein bisschen spielen?**

Welche Verbindungen machen Sinn?

1 los niños	1 vivimos	1 la maleta
2 Pedro	2 comen	2 de lunes a viernes
3 mi mujer y yo	3 entro	3 inglés
4 tú y tu amigo	4 hablas	4 en el supermercado
5 yo	5 abre	5 helados
6 tú	6 trabajáis	6 en Tacoronte

Lösungen: 1-2-5 oder 1-2-6   4-6-2 oder 4-6-6 oder 4-6-4
            2-5-1   5-3-4 oder 5-3-6
            3-1-6   6-4-3 oder 6-4-6 oder 6-4-4

7 *Beabsichtigen, etwas vorhaben* ✶
Expresar intenciones

Um im Spanischen auszudrücken, dass Sie »heute noch«, »morgen«
oder wann auch immer »in Zukunft« *etwas unternehmen werden, gibt
es eine sehr leichte Technik. Diese besteht aus dem Tätigkeitswort*
»**ir**«, *der Präposition* »**a**« *und einem Verb in der Grundform (Infinitiv):*

ir + **a** + Grundform

Das »**ir**« *beugt man durch, um auf die entsprechende Person zu
kommen:*

ich	voy	escuchar	*(hören, zuhören)*
du	vas	comprar	*(kaufen)*
er, sie, es	va	hablar	*(sprechen)*
wir	vamos	estar	*(sein)*
ihr	vais	buscar	*(suchen)*
sie	van	preparar	*(zu-/vorbereiten)*
Sie (einer)	va	leer	*(lesen)*
Sie (mehrere)	van	escribir	*(schreiben)*

a

Damit sind die Sätze bereits in der Zukunft gebildet:

Ich werde CDs kaufen.	Voy a comprar CDs (cedés).
Wir werden eine Stunde in Icod bleiben.	Vamos a estar una hora en Icod.
Habt ihr vor, an den Strand zu gehen?	¿Vais a ir a la playa?
Wir werden Probleme bekommen.	Vamos a tener problemas.
Hast du vor, das Dach zu reparieren?	¿Vas a arreglar el tejado?

Im Deutschen nimmt man sehr oft die Gegenwartsform, um diese Absichten oder Vorhaben auszudrücken: Morgen fahre ich nach San Juan; ich komme nächstes Jahr wieder; ich gehe heute (nachher)...

Im Spanischen ist meistens die oben beschriebene Technik »**voy a + Grundform**« *dafür zuständig. Nun brauchen wir ein paar Zeitausdrücke, um unsere Sätze zu bilden:*

morgen	mañana
übermorgen	pasado mañana
in ein paar Tagen	dentro de unos días
nächsten Samstag	el sábado que viene
im Oktober	en octubre
am 24. September	el 24 de septiembre
Anfang April	a primeros de abril
Mitte Juni	a mediados de junio
Ende Mai	a últimos de mayo
nachher	luego
bald	pronto
in Kürze	dentro de poco

Minitest Wie sagen Sie auf Spanisch?

Übermorgen fliege ich nach Deutschland.

In 3 Wochen kommt meine Cousine nach Teneriffa.

Heute Nachmittag werde ich zum Flughafen fahren.

Ende September werden wir mit dem Hauseigentümer reden.

Lösung: Pasado mañana voy a ir a Alemania (en avión). Dentro de tres sema-
nas va a venir mi prima a Tenerife. Hoy por la tarde voy a ir al aeropuerto.
A últimos de septiembre vamos a hablar con el propietario de la casa.

Minitest ✎   **Verstehen Sie folgenden Text?**

Mañana por la mañana voy a desayunar con unos amigos en una cafetería. Después vamos a ir a Santa Cruz. Vamos a ver el puerto y luego vamos a pasear por la zona peatonal. A la una y media o a las dos vamos a comer en un restaurante y después vamos a ir a un centro comercial. Vamos a volver a casa a eso de las siete de la tarde.

Übersetzung:

Morgen Vormittag werde ich mit einigen Freunden in einem Café frühstücken. Danach werden wir nach Santa Cruz fahren. Wir werden den Hafen besichtigen und danach werden wir in der Fußgängerzone spazieren gehen. Um halb zwei oder um zwei werden wir in einem Restaurant essen und danach werden wir in ein Einkaufszentrum gehen. Etwa um sieben Uhr am Abend werden wir zurück nach Hause fahren.

8 Können, dürfen 1 * Poder 1

*Können und dürfen werden im Spanischen fast immer mit »**poder**« ausgedrückt. Aus der folgenden Beugungstabelle können Sie die jeweils richtige Person entnehmen:*

Beugungstabelle:

können/dürfen / poder

ich kann/darf	puedo
du kannst/darfst	puedes
er/sie/es kann	puede
wir können	podemos
ihr könnt	podéis
sie können	pueden
Sie (Ez.) können	puede
Sie (Mz.) können	pueden

*Nachdem Sie die entsprechende »**poder**«-Form (können oder dürfen) gefunden haben (z. B.: ich kann → **puedo**; wir dürfen → **podemos**, usw.), benötigen Sie das Verb mit der eigentlichen Information: eintreten, zuschauen, gehen... (darf/kann ich eintreten?).*

*Und das ist sehr einfach: Sie benutzen, wie im Deutschen, nur die Grundformen der Tätigkeitswörter (Infinitive), so wie sie in den Wörterbüchern vorkommen: **entrar, mirar, ir, comer**. Alle enden auf »**r**«.*

Also:

Podemos entrar	= wir können / dürfen eintreten
Puedo probar	= ich darf / kann probieren

*Wenn Sie daraus eine Frage bilden möchten, dann sagen Sie den
Satz im Frageton:*

¿Podemos entrar?	= Können / dürfen wir eintreten?
¿Puedo probar?	= Kann / darf ich probieren?

*Und wenn Sie die Aussage oder die Frage verneinen möchten, dann
setzen Sie einfach ein »***no***« davor:*

No podemos entrar.	= Wir können / dürfen <u>nicht</u> eintreten.
¿No podemos entrar?	= Können / dürfen wir <u>nicht</u> rein?

Wenn man etwas kann, weil man es gelernt hat, z.B. schwimmen,
Klavier spielen, Rad fahren *usw. dann drückt man dieses »*können*«
nicht mit* **poder** *aus, sondern mit* **saber** (wissen), *als wollte man
ausdrücken:*

> • Ich kann es, weil ich weiß, wie es geht
> (und nicht, weil die Umstände es erlauben).

Sé nadar.	= Ich kann schwimmen.
Sé inglés.	= Ich kann Englisch.
No sabemos tocar la guitarra.	= Wir können nicht Gitarre spielen.

Dazu ist es notwendig, dass man die Beugung von »**saber**« *kennt:*

Beugungstabelle:

können + wissen / saber

ich weiß	sé
du weißt	sabes
er/sie/es weiß	sabe
wir wissen	sabemos
ihr wisst	sabéis
sie wissen	saben
Sie (Ez.) wissen	sabe
Sie (Mz.) wissen	sabe

Man beachte den Unterschied:

Ich kann Gitarre spielen, aber bei dieser Kälte kann ich nicht Gitarre spielen. (Ich weiß, wie man spielt, aber die Kälte lässt nicht zu, dass ich spiele.)	Sé tocar la guitarra, pero con este frío no puedo tocar la guitarra.

Hier noch einige Beispiele zu »können« *bzw.* »dürfen«*:*

Darf / kann ich hier warten?	¿Puedo esperar aquí?
Wir können nicht nach Santa Cruz fahren.	No podemos ir a Santa Cruz.
Ihr könnt / dürft euch hier nicht aufhalten.	No podéis estar aquí.
Wer kann Klavier spielen?	¿Quién sabe tocar el piano?

Minitest 🖊 **Wie sagen Sie auf Spanisch?**

Hier kann ich heute nicht schwimmen.

Ich kann gut schwimmen.

Dürfen wir hier warten?

Wir können den Tisch auf die Terrasse tragen.

Lösung: Aquí no puedo nadar hoy, oder: Hoy no puedo nadar aquí. Sé nadar bien. ¿Podemos esperar aquí? Podemos llevar la mesa a la terraza.

9 (Nicht) wissen, wo, wie, wer... *
(No) saber dónde, cómo, quién...

*Ich weiß nicht, **was** ich machen soll / kann.*

*Ich weiß nicht, **wie** ich das machen kann.*

*Wir wissen nicht, **mit wem** wir sprechen sollen / können.*

*Weißt du, **wohin** du gehen sollst / kannst?*

*Wir wissen nicht, **was** wir kaufen sollen / können.*

Im Spanischen ist es sehr einfach, Sätze dieser Art auszudrücken: Die deutschen Sätze beinhalten alle das Verb »sollen« oder »können«, im Spanischen ist das anders: Nach »wissen« (saber) oder »nicht wissen« (no saber) brauchen Sie die Fragewörter, die hier die indirekten Fragesätze einleiten, und danach steht die Grundform des Verbs. Sie wissen, alle Grundformen, Infinitive, enden auf Spanisch auf »r«.

Beispiel:

machen	= hacer
ich weiß nicht	= no sé
was	= qué

Damit basteln wir den gewünschten Satz:

Ich weiß nicht, was ich machen soll.
No sé **qué** hacer.

Oder: *Ich weiß nicht, wie ich das machen soll.*
No sé **cómo** hacerlo.

Oder: *Ich weiß nicht, wann ich zurückkommen soll.*
No sé **cuándo** volver.

Oder: *Ich weiß nicht, mit wem ich reden soll.*
No sé **con quién** hablar.

*Damit Sie jede Situation mühelos meistern, sollten wir hier einige
Fragewörter auffrischen und das Verb* **saber** (wissen) *in der Gegenwart
durchbeugen.*

Fragewörter

was?	¿qué?	wer?	¿quién?
wann?	¿cuándo?	mit wem?	¿con quién?
wo?	¿dónde?	für wen?	¿para quién?
wohin?	¿adónde?	warum?	¿por qué?
wofür, wozu?	¿para qué?	womit?	¿con qué?
wie?	¿cómo?	auf was?	¿a qué?

❏ *Wie viele?*   ❏ **¿cuántos, cuántas?**

...richtet sich nach dem Geschlecht der Hauptwörter:

| Kugelschreiber | ¿cuántos bolígrafos? |
| Blätter | ¿cuántas hojas? |

❏ *Wie viel?*   ❏ **¿cuánto, cuánta?**

...richtet sich nach dem Geschlecht der Hauptwörter:

| Wein | ¿cuánto vino? |
| Bier | ¿cuánta cerveza? |

Welcher?, welche?, welches? und Mz. welche?

... wird mit **¿qué...?** *ausgedrückt, sofern man im Anschluss die
Hauptwörter nennt:*

Bus	¿qué autobús?
Kirche	¿qué iglesia?
Buch	¿qué libro?
Museen	¿qué museos?
Straßen	¿qué calles?

Welcher?, welche?, welches? (nur Ez.)

Wenn man die Hauptwörter nicht nennt, muss es ¿cuál? heißen:

welcher (Bus)?	¿cuál?
welches (Buch)?	¿cuál?
welche (Straße)?	¿cuál?

Welche? (Mz.)

Im Plural und ohne Hauptwörter heißt es ¿cuáles?:

welche (Busse, Bücher, Straßen)?   ¿cuáles?

»Ob« anstatt eines Frageworts

Wenn kein Fragewort möglich ist, nehmen Sie »ob«, Spanisch »si«:

Ich weiß nicht, <u>ob</u> ich warten soll.   No sé <u>si</u> esperar.

Zur Auffrischung:

*Hier nochmal die komplette Beugung von »**saber**« in der Gegenwart:*

	wissen	saber	
	ich weiß	sé	
	du weißt	sabes	
	er, sie , es weiß	sabe	
	wir wissen	sabemos	
	ihr wisst	sabéis	
	sie wissen	saben	
	Sie (einer)	sabe	(Höflichkeits-
Sie wissen (mehrere)		saben	form)

Mit dieser Ausrüstung kann man nun indirekte Fragesätze bilden; dabei entfallen die Fragezeichen, weil es keine direkten Fragen sind, sondern Nebensätze.

Im Falle, dass Sie verneinen möchten »ich weiß nicht, wir wissen nicht, wissen Sie nicht« setzen Sie »**no**« vor die Verbformen von »wissen«.

❏ *Sätze*	❏ **frases**
Ich weiß nicht, was ich machen soll.	No sé qué hacer.
Wir wissen nicht, mit wem wir sprechen sollen.	No sabemos con quién hablar.
Weißt du, welches du herbringen sollst?	¿Sabes cuál traer?
Wissen Sie (Ez.), welche Adresse Sie aufschreiben sollen?	¿Sabe qué dirección apuntar?
Wissen Sie (Ez.), wohin Sie gehen können?	¿Sabe adónde ir?
Ich weiß nicht, wozu ich das aufheben soll.	No sé para qué guardar esto.
Ich weiß nicht, welches Hotel ich nehmen soll.	No sé qué hotel coger.
Weißt du, wen du anrufen kannst?	¿Sabes a quién llamar?
Er weiß nicht, mit wem er spielen soll.	No sabe con quién jugar.
Wir wissen nicht, wann wir hingehen sollen.	No sabemos cuándo ir.
In dieser Stiutation wissen wir nicht, was wir tun sollen.	Es esta situación no sabemos qué hacer.
Ich weiß nicht, auf was ich warten soll.	No sé a qué esperar.
Weißt du, was du da machen kannst?	¿Sabes qué hacer?
Wir wissen nicht, wo wir diese Sachen abgeben können.	No sabemos dónde entregar estas cosas.
Ich weiß nicht, ob ich das Gerät umtauschen soll oder nicht.	No sé si descambiar el aparato o no.

Minitest ✎

Wie sagen Sie auf Spanisch?

Ich weiß nicht, wann ich den Wagen abholen soll.

Wissen Sie, was Sie in dieser Situation machen können?

Wir wissen nicht, was wir damit machen können.

Ich weiß, wie ich reinkommen kann.

Lösung: No sé cuándo recoger el coche. ¿Sabe qué hacer en esta situación?
No sabemos qué hacer con esto. Sé cómo entrar.

10 Können, dürfen II * Poder II

Können *oder* dürfen *kommen häufig in dieser Verbindung vor:*
kann man, darf man, man darf, man kann. *Für das deutsche*
»**man**«, *nimmt man im Spanischen das Wort* »**se**«. *Und genauso*
wie im Deutschen »man« *mit der dritten Person der Tätigkeitswörter*
gekoppelt wird (man braucht, man sieht, man nimmt)*, wird es*
auch im Spanischen gemacht:

se puede	= man kann; man darf
¿se puede?	= kann man?; darf man?
no se puede	= man kann nicht; man darf nicht
¿no se puede?	= Kann man nicht?; darf man nicht?

¿Se puede
fumar?

Im Anschluss an »darf man« *oder* »kann man« *kommt ein Tätig-*
keitswort in seiner Grundform: eintreten, sehen, nachschauen...
So ist es auch im Spanischen, dabei erkennt man die Grundformen
der Verben an ihren Endungen: -**ar**, -**er** *oder* -**ir**.

Darf man hier rauchen?	¿Se puede fumar aquí?
Hier kann man nicht spielen.	Aquí no se puede jugar.
Darf man da parken?	¿Se puede aparcar ahí?
Hier darf man nicht halten.	Aquí no se puede parar.
Das kann man so machen...	Se puede hacer así...
So kann man das nicht machen.	Así no se puede hacer esto.
Das kann man nicht hier stehen lassen.	Esto no se puede dejar aquí.
Man kann nichts verstehen.	No se puede entender nada.
Darf man es benutzen?	¿Se puede usar?
Man kann den Schlüssel nicht reinstecken.	No se puede meter la llave.

| *Man kann die Tür nicht aufmachen.* | No se puede abrir la puerta. |
| *Man kann den Kofferraum nicht schließen.* | No se puede cerrar el maletero. |

❏ *Achtung:* ❏ **Cuidado:**

*Manchmal taucht das Wörtchen »***se***« an einer anderen Stelle auf: nämlich direkt angehängt an der Grundform des Verbs.*

Das kann man so machen.	Puede hacer**se** así.
Kann man es wegwerfen?	¿Puede tirar**se**?
Man kann nicht sagen, dass...	No puede decir**se** que...

Manchmal wird im Spanischen einfach anders formuliert:

| *Man kann nie wissen.* | Nunca se sabe. |
| | *(das* puede *fällt hier weg)* |

Und zum Schluss ein Trick:

Da Sie vom Deutschen ausgehen, kann es sein, dass Sie vielleicht mal überlegen, wie Sie folgende Mitteilungen auf Spanisch machen:

> Das kann nur so gemacht werden.
> Die Tür darf nicht aufgemacht werden.
> So kann das nicht gesagt werden.
> Es darf nur draußen geraucht werden.

Der Trick besteht darin, dass Sie den Satz im Deutschen anders formulieren.

> Das kann man nur so machen.
> Man darf die Tür nicht aufmachen.
> So kann man das nicht sagen.
> Man darf nur draußen rauchen.

Und so sind Sie im Spanischen wieder bei der bereits bekannten Formel: **se puede / no se puede**

Auch diese Formulierung ist im Spanischen möglich:

es ist erlaubt	= está permitido
es ist nicht erlaubt	= no está permitido
es ist verboten	= está prohibido
es ist nicht verboten	= no está prohibido

Erlaubt - Verboten

se puede	*man darf*	= es ist erlaubt
no se puede	*man darf nicht*	= es ist nicht erlaubt; es ist verboten

Minitest 🖊   **Wie sagen Sie auf Spanisch?**

Darf man hier parken?

Hier darf man nicht rauchen.

Kann man auch Zwiebel hinzufügen?

Es kann nur mit Kleinbuchstaben geschrieben werden.

Lösung: ¿Se puede aparcar aquí? Aquí no se puede fumar. ¿Se puede añadir también cebolla? Sólo se puede escribir con minúsculas.

11 Kleidung einkaufen * Comprar ropa

Sie möchten... suchen... brauchen... Kleidungsstücke.

Verbinden Sie linke und rechte Spalte, und schon steht Ihr Satz!

		ein Hemd	una camisa
Ich möchte... / Ich hätte gern...	quisiera / quería / quiero	*eine Hose*	un pantalón / unos pantalones
Ich suche	Busco	*ein Paar Schuhe*	unos zapatos un par de zapatos
Ich brauche	Necesito		
		einen Rock	una falda

Also: *Ich suche ein Hemd.* Busco una camisa.
Ich brauche eine Hose. Necesito un pantalón.

❏ *Fragen stellen* ❏ **Hacer preguntas**

Können Sie mir ... zeigen?	¿Puede enseñarme...?
Wo sind die...?	¿Dónde están los... / las...?
Wo sind die Anproberäume?	¿Dónde están los probadores?
Wie teuer ist es?	¿Cuánto cuesta?
Haben Sie es in Gelb? *	¿Lo tiene en amarillo?
Kann ich es anprobieren? *	¿Puedo probármelo?

* Hier muss man aufpassen, welches (spanische) Geschlecht die Kleidungsstücke haben, damit man die richtigen Ersatzwörter nimmt, dementsprechend müsste man fragen:

¿Puedo probárme**los**? *(für Schuhe: zapatos);*
probárme**las** *(für Sandalen: sandalias);* probárme**la** *(für Bluse, blusa)*
und probárme**lo** *(für Hose, pantalón).*

Dasselbe gilt für »Haben Sie es in Gelb?«

¿**Los** tiene... **las** tiene... **la** tiene... **lo** tiene en amarillo?

»Können Sie ihn/es/sie mir zeigen?« *wird in der gleichen Weise gehandhabt:*

¿Puede enseñár**me**lo... enseñár**me**la...
enseñár**me**los... enseñár**me**las?

Aber die Reihenfolge und Stellung der Fürwörter (ihn/es/sie) darf auch anders geordnet werden:

¿Me **lo** puede enseñar? ¿Me **la** puede enseñar?
¿Me **los** puede enseñar? ¿Me **las** puede enseñar?

❏ *Probleme erklären*	❏ **explicar problemas**
Das ist mir zu...	Me está demasiado...
lang	largo / larga
kurz	corto / corta
groß	grande
eng	estrecho / estrecha
weit	ancho/a, amplio/a
es drückt mich	me aprieta
sie drücken mich	me aprietan
es passt nicht zu...	no va bien con...
es gefällt mir nicht	no me gusta
sie gefallen mir nicht	no me gustan
es ist zu teuer	es demasiado caro/a
sie sind zu teuer	son demasiado caros/as

TIENDA DE ROPA

Auch hier gilt es, die Geschlechter und die Anzahl der Kleidungs-stücke zu beachten. Folglich werden die Endungen sein:

-o, -a, -os oder **-as** (cort<u>o</u>, cort<u>a</u>, cort<u>os</u>, cort<u>as</u>).

Es steht Ihnen (sehr) gut.	Le queda (muy) bien.
Zahlen Sie in bar?	¿Va a pagar en efectivo?
Ich habe Größe...	Tengo la talla...
Ich habe Schuhgröße...	Calzo el número...
größer	más grande/s
* kleiner	más pequeño/a/os/as
* Ich nehme es/ihn/sie.	Me lo/la/los/las quedo.
* Sie können es/ihn/sie umtauschen!	Puede descambiarlo/la/los/las.

* (Endungen je nach Geschlecht und Anzahl)

❑ *Schuhwerk*

Schuhe	zapatos
Strandschuhe	playeras
Hanfschuhe	alpargatas
Einlegesohlen	plantillas
Schuhabsatz	el tacón
Schnürsenkel	cordones
Turnschuhe	zapatillas de deporte
Hausschuhe	zapatillas de casa
Schuhspitze	la punta del zapato

❑ **calzado**

Sandalen	sandalias
Schlappen	chancletas
Schnalle	la hebilla
Schuhsohle	la suela
Schuhcreme	betún
Stiefel, Wanderschuhe	botas

Minitest ✎

Wie sagen Sie auf Spanisch?

Ich hätte gern einen Rock.

Haben Sie ihn in Blau?

Kann ich ihn anprobieren?

Er ist zu kurz.

Lösung: Quiero una falda. ¿La tiene en azul? ¿Puedo probármela? oder: ¿Me la puedo probar? Es demasiado corta.

Kleiner, größer, schöner, gefährlicher... usw. *Es ist eigentlich sehr einfach, das im Spanischen auszudrücken. Man nimmt die Eigenschaftswörter, so wie sie im Wörterbuch vorkommen:* klein = **pequeño**, groß = **grande**, schön = **bonito**, gefährlich = **peligroso**... *und setzt davor* »**más**«.

Im Alleingang heißt »**más**« = »mehr«, *aber vor einem Eigenschaftswort entspricht es der im Deutschen nachgestellten Silbe* »-er«.

kleiner	más pequeño	*größer*	más grande
schöner	más bonito	*gefährlicher*	más peligroso
kürzer	más corto	*leichter*	más fácil

Nun könnten Sie es mit den angegebenen Wörtern selbst versuchen:

hart = duro	härter =	_____
weich = blando	weicher =	_____
bequem = cómodo	bequemer =	_____
streng = severo	strenger =	_____
hell = claro	heller =	_____
dunkel = oscuro	dunkler =	_____

Bitte aufpassen!

Im Deutschen sagen Sie:

a) Dieser Wagen ist ...   bequemer.

b) Diese Jacke ist ...   bequemer.

c) Dieses Sofa ist ...   bequemer.

d) Diese Stühle sind ...   bequemer.

Es heißt immer »bequemer«, *aber im Spanischen nicht! Im Spanischen richtet sich die Eigenschaft nach den Hauptwörtern, sowohl nach ihrem Geschlecht als auch nach ihrer Anzahl, d.h. die Endungen von* »bequem« (= **cómodo**) *werden nach Bedarf sein:*

-o; **-a**; **-os**; **-as** (= cómod**o**, cómod**a**, cómod**os**, cómod**as**).

Auch achten wir auf den Gebrauch von »ist« *oder* »sind«, *also:* »**es**« *und* »**son**«:

El sillón (der Sessel) ...	es cómod<u>o</u>.
La cama (das Bett) ...	es cómod<u>a</u>.
Los sillones (die Sessel) ...	son cómod<u>os</u>.
Las sandalias (die Sandalen) ...	son cómod<u>as</u>.

Wir werden nun Sätze bilden und dabei auch Gebrauch machen von den hinweisenden Fürwörtern:

dieser, diese, dieses oder (Mz.) diese

Im Spanischen heißen sie: **este, esta, estos** *und* **estas**. *Dabei steht* »**este**« *für spanische männliche Einzahlwörter,* »**esta**« *für weibliche, und* »**estos**« *und* »**estas**« *für männliche bzw. weibliche Mehrzahlwörter. Beispiele:*

est<u>e</u> edificio	(dieses Gebäude)
est<u>a</u> casa	(dieses Haus)
est<u>os</u> coches	(diese Autos)
est<u>as</u> flores	(diese Blumen)

Also beachten Sie sowohl Geschlecht als auch Anzahl der genannten Dinge, denn die hinweisenden Fürwörter (dieser, diese, dieses) *und die Eigenschaftswörter* (bequem...) *richten sich danach:*

Diese Wohnung ist heller.	Este piso es más claro.
Diese Bluse ist dunkler.	Esta blusa es más oscura.
Diese Stühle sind bequemer.	Estas sillas son más cómodas.
Diese Schränke sind schöner.	Estos armarios son más bonitos.

❏ *... als der andere* ❏ *... que el otro*

*Um den Vergleich anzustellen, gebraucht man im Deutschen »als«.
Dem entspricht im Spanischen das Wort »**que**«. Bestimmt haben Sie
schon dieses Wort mit anderen Bedeutungen gehört, aber lassen Sie
sich nicht beirren, hier bedeutet es: »als«.*

Dieser Sessel ist weicher als der andere.	Este sillón es más blando que el otro.
Diese Farbe ist heller als die andere.	Este color es más claro que el otro.
Dieses Buch ist billiger als das andere.	Este libro es más barato que el otro.
Dieses Schiff ist schneller als das andere.	Este barco es más rápido que el otro.

*Wenn Sie sagen möchten: der andere, die andere, das andere, die
anderen, dann gilt es, wieder auf Geschlecht und Anzahl aufzupassen:*

el otro (spanisch männlich Einzahl)   ... el otro coche (Wagen).

la otra (spanisch weiblich Einzahl)   ... la otra chaqueta (Jacke)

los otros (spanisch männl. Mz.)   ... los otros coches (Wagen)

las otras (spanisch weibl. Mz.)   ... las otras chaquetas (Jacken)

*Wenn Sie beim Vergleichen nicht sagen möchten: »als der/die/das
andere, die anderen«, sondern nur: »als dieser, als dieses, als diese«,*

*dann nehmen Sie die bekannten **este, esta, estos, estas**, aber sie bekommen einen Strich (Tilde) über dem ersten Buchstaben, weil die Hauptwörter nicht wiederholt, sondern ersetzt werden!*

Este perro es más joven que éste.	Dieser Hund ist jünger als dieser.
Esta botella es más pequeña que ésta.	Diese Flasche ist kleiner als diese.
Estos zapatos son más bonitos que éstos.	Diese Schuhe sind hübscher als diese.
Estas flores son más caras que éstas.	Diese Blumen sind teurer als diese.

Und zum Schluss etwas Interessantes, worauf Sie auch ein bisschen achten sollten. Sie sagen im Deutschen:

Ich brauche einen größeren Koffer.

Die Wortstellung ist: 1. einen   2. größeren   3. Koffer

Spanisch: **Necesito una maleta más grande.**

Die Wortstellung ist: 1. una   2. maleta   3. más grande

Nach dem Geschlechtswort steht zuerst der Gegenstand und danach die Eigenschaft.

Ich möchte eine größere Reisetasche.	Quiero un bolso más grande.
Haben Sie nicht eine billigere Hose?	¿No tiene un pantalón más barato?

Haben Sie kleinere Spiegel?	¿Tiene espejos más pequeños?
Ich suche schönere Landschaften.	Busco paisajes más bonitos.

Minitest ✎   **Wie sagen Sie auf Spanisch?**

Diese Straße ist schmaler als die andere.

___

Diese Blumen sind billiger als diese.

___

Ich suche ein größeres Zimmer.

___

Haben Sie kleinere Schrauben?

___

Lösung: Esta calle es más estrecha que la otra. Estas flores son más baratas que éstas. Busco una habitación más grande. ¿Tiene tornillos más pequeños?

❏ Mehr / weniger ❏ Más / menos

Man kann anstatt mit »**más**« (más pequeño = kleiner) *auch mit* »**menos**« (weniger) *Vergleiche anstellen:*

Dieser Weg ist weniger gefährlich als dieser andere.	Este camino es menos peligroso que este otro.
Dieses Restaurant ist weniger gemütlich als das (Restaurant) in Garachico.	Este restaurante es menos acogedor que el (restaurante) de Garachico.
Dieser Bus ist weniger schnell als der Einundsechziger.	Este autobús es menos rápido que el sesenta y uno (61).

Más *und* **menos** *können auch hinter Tätigkeitswörtern vorkommen:*

Rosita kocht mehr als ich.	Rosita cocina más que yo.
Miguel spricht weniger als Antonio.	Miguel habla menos que Antonio.

❏ Gut / schlecht ❏ Bueno / malo

»**Gut**« *und* »**schlecht**« *werden mit Sonderformen zu* »besser« *und* »schlechter« *gesteigert, dabei gibt es keine Geschlechtsunterschiede (männlich oder weiblich).*

bueno	→	**mejor**	**malo** →	**peor**

Dieser Supermarkt ist besser als der andere.	Este supermercado es mejor que el otro.
Diese Suppe ist besser als diese andere.	Esta sopa es mejor que esta otra.
Dieser Weg ist schlechter als dieser.	Este camino es peor que éste.

| *Dieses Material ist schlechter als das (Material) von gestern.* | Este material es peor que el (material) de ayer. |

❏ *Groß / klein* ❏ **Grande / pequeño**

»Groß« *und* »klein« *werden oft mit Sonderformen für* »größer« *und* »kleiner« *gesteigert. Dabei gibt es auch hier keine Unterschiede bezüglich der Geschlechter, sie meinen aber dann* **Alter**, **Altersunterschiede** *oder* **Wichtigkeit**.

grande → **mayor**	**pequeño** → **menor**
Isabel ist älter als Juan.	Isabel es mayor que Juan.
Ernesto ist jünger als sein Bruder.	Ernesto es menor que su hermano.
Die Einwohnerzahl ist größer.	El número de habitantes es mayor.
Die Auswirkungen sind kleiner.	Las repercusiones son menores.

Man beachte die Verwendung in der Mehrzahl:

mejores → **peores**	**mayores** → **menores**
Diese Schuhe sind besser.	Estos zapatos son mejores.
Diese Turnschuhe sind schlechter.	Estas zapatillas de deporte son peores.
Diese Mädchen sind älter.	Estas niñas son mayores.
Hier sind die Anforderungen geringer.	Aquí las exigencias son menores.

Man beachte:

Meine älteste Tochter.	Mi hija mayor.
Mein jüngster Bruder.	Mi hermano menor.
Die Erwachsenen.	Los mayores.
Die Minderjährigen.	Los menores.

Die Älteren.	Los mayores.
Ein älterer Mann.	Un hombre mayor.
Eine ältere Frau.	Una mujer mayor.
Wir sind schon erwachsen.	Ya somos mayores.
Du bist noch minderjährig.	Aún eres menor (de edad).
Ich bin nicht der Älteste.	No soy el mayor.
Ich bin die Älteste.	Soy la mayor.
Ich bin der Jüngste.	Soy el menor.
Ich bin die Jüngste.	Soy la menor.

Minitest

Wie sagen Sie auf Spanisch?

Dieser Film ist weniger interessant als dieser.

Sofía ist die Älteste und Marta ist die Jüngste.

Diese Orangen sind schlechter als die anderen.

Diese Kinder sind älter als die anderen.

Lösung: Esta película es menos interesante que ésta. Sofía es la mayor y Marta es la menor. Estas naranjas son peores que las otras. Estos niños son mayores que los otros.

14 Zu viel, zu viele, zu sehr, zu lange *
Demasiado

»**Demasiado**« *taucht mit verschiedenen Endungen auf:*

demasiad**o**, demasiad**a**, demasiad**os**, demasiad**as**

Das hängt von den Wörtern ab, die »**demasiado**« *begleiten.*

Kommt »**demasiado**« *nach einem Tätigkeitswort, sei es gebeugt oder ungebeugt (ihr arbeitet, er trinkt, ihr sprecht, essen, sich sorgen), so wird ausschließlich die Form* »**demasiado**« *vorkommen.*

Ihr arbeitet zu viel.	Trabajáis demasiad**o**.
Er trinkt zu viel.	Bebe demasiad**o**.
Zu viel essen ist ungesund.	Comer demasiad**o** no es sano.
Du hast zu viel bezahlt.	Has pagado demasiad**o**.

Es wird also kein Unterschied gemacht, ob es sich um eine oder mehrere Personen handelt, und auch nicht, ob es Frauen oder Männer sind.

»**Demasiado**« *kann aber im Deutschen auch andere Bedeutungen haben:*

Ich schlafe zu lange.	Duermo demasiado.
Es gefällt mir nicht all zu sehr.	No me gusta demasiado.

❏ *Zu klein ...*   ❏ **Demasiado pequeño ...**

Wenn »**demasiado**« *in Verbindung mit Eigenschaftswörtern oder Attributen vorkommt, so ist das im Deutschen nur mit* »zu« *zu übersetzen, denn das* »viel« *fällt ja dann im Deutschen weg:*
zu klein, zu gefährlich, zu besorgt. *Allerdings ist darauf zu achten, dass die Eigenschaftswörter und die Ergänzungen der Hauptwörter*

(Attribute) in Geschlecht und Anzahl mit den Hauptwörtern übereinstimmen.

Erst mal neutral: zu klein   = **demasiado** pequeñ**o**

Wenn sich die Eigenschaftswörter auf Hauptwörter beziehen:

Die Bluse ist zu klein.	La blusa es demasiado pequeña.
Die Schuhe sind zu klein.	Los zapatos son demasiado pequeños.
Die Sandalen sind zu klein.	Las sandalias son demasiado pequeñas.
Der Wagen ist zu klein.	El coche es demasiado pequeño.

Wenn »**demasiado**« *selbst sich auf das Hauptwort bezieht und nicht
mehr das Eigenschaftswort steigert, dann bekommt* »**demasiado**« *jene
Endungen, die Geschlecht und Anzahl ausmachen:* **-o, -a, -os, -as**. *Die
Bedeutung kann dann im Deutschen sein:* »zu viel« *oder* »zu viele«.

Hier gibt es zu viele Häuser.	Aquí hay demasiadas casas. (las)
Das ist zu viel Butter.	Es demasiada mantequilla. (la)
Es sind zu viele Zeitungen.	Son demasiados periódicos. (los)
Ich möchte nicht zu viel Wein.	No quiero demasiado vino. (el)

Minitest   **Wie sagen Sie auf Spanisch?**

Mein Nachbar arbeitet zu viel.

Hier sind zu viele Steine.

Die Wohnung ist zu klein.

Ich esse zu viel.

Lösung: Mi vecino trabaja demasiado. Aquí hay demasiadas piedras.
La vivienda es demasiado pequeña. *Oder:* El piso es demasiado pequeño.
Como demasiado.

Übung 🖉   **Übersetzen Sie:**

1   Zu viele Autos

2   Zu viel Lärm

3   Er trinkt zu viel.

4   Die Schuhe sind zu klein.

5   Sie spricht zu schnell.

6   Diese Bäume sind zu hoch.

7   Der Weg ist zu lang.

8   Wir warten schon zu lange.

Lösung: 1. Demasiados coches 2. Demasiado ruido 3. Bebe demasiado. 4. Los
zapatos son demasiado pequeños. 5. Habla demasiado rápido. 6. Estos árboles son
demasiado altos. 7. El camino es demasiado largo. 8. Esperamos ya demasiado.

15 Ich würde gern... * Me gustaría...

Nach »ich würde gern« (= »**me gustaría**«) *folgt die reine Grundform der Tätigkeitswörter, die ja bekanntlich im Spanischen auf* »**r**« *endet:*

comer, comprender, entrar, esperar, salir, vivir...
(essen, verstehen, eintreten, warten, verlassen, leben / wohnen)

Es ist also sehr einfach, Folgendes auszudrücken:
Ich würde gern Suppe essen.   Me gustaría comer sopa.

Auf »**me gustaría**« *folgt nicht* »die Sache« (Suppe), *sondern* »essen« (comer) *und erst dann* »Suppe« (sopa). *Achten Sie auf diese Reihenfolge:*

❏ *Ich würde gern...*	❏ *Me gustaría...*
Ich würde gern ins Museum gehen.	Me gustaría ir al museo.
Ich würde gern den Wein probieren.	Me gustaría probar el vino.
Ich würde gern das Apartment sehen.	Me gustaría ver el apartamento.
Ich würde gern die Einzelheiten wissen.	Me gustaría saber los detalles.
Ich würde gern den Film anschauen.	Me gustaría ver la película.
Ich würde gern das Lied hören.	Me gustaría escuchar la canción.
Ich würde gern nach Lanzarote fliegen.	Me gustaría ir a Lanzarote.
Ich würde gern einen Tauchkurs machen.	Me gustaría hacer un curso de buceo.

❏ *Wir würden gern...*   ❏ *Nos gustaría...*

Sie können alle obigen Sätze in »wir würden gern...« *verwandeln: Dabei tauschen Sie im spanischen Satz das* »**me**« *durch* »**nos**« *aus:*

Wir würden gern das Museum besuchen.   Nos gustaría ir al museo.

Wir würden gern das Apartment sehen. | Nos gustaría ver el apartamento.

❏ *Ich würde sehr gern...*   ❏ **Me gustaría mucho...**

Man kann den Ausdruck auch in der Intensität steigern:
Alles Weitere bleibt wie bisher, aber diesmal steht »**mucho**« *direkt hinter* »**gustaría**«:

Ich würde sehr gern wissen, was los ist. | Me gustaría mucho saber qué pasa.

Ich würde sehr gern Lanzarote besuchen. | Me gustaría mucho ir a Lanzarote.

Wir würden sehr gern wissen, warum die Lieferung noch nicht angekommen ist. | Nos gustaría mucho saber, por qué no ha llegado el envío todavía.

❏ *Würdest du gern...?*   ❏ **¿Te gustaría...?**

Würdest du gern hier schwimmen? | ¿Te gustaría nadar aquí?

Würdest du gern eine Woche länger bleiben? | ¿Te gustaría quedarte una semana más?

Würdest du gern mit ihnen spielen? | ¿Te gustaría jugar con ellos/ellas?

Würdest du gern mit uns essen? | ¿Te gustaría comer con nosotros /nosotras (Frauen)?

Wagen wir uns nun an alle Personen?

ich würde gern	me gustaría	
du würdest gern	te gustaría	
er würde gern	le gustaría	
sie würde gern	le gustaría	
es würde gern	le gustaría	
wir würden gern	nos gustaría	
ihr würdet gern	os gustaría	
sie würden gern	les gustaría	
Sie würden gern (einer)	le gustaría	*(Höflichkeits-*
Sie würden gern (mehrere)	les gustaría	*form)*

Danach stehen die Verben in ihrer Grundform:

reinigen	limpiar
hineingehen	entrar
warten	esperar
(zu)hören	escuchar
vorschlagen	proponer
beschließen	decidir
schenken	regalar
poner	stellen, legen, setzen
abmontieren	desmontar
hinaufgehen/-fahren, einsteigen	subir

Minitest

Wie sagen Sie auf Spanisch?

Wir würden gern eine Woche länger bleiben.

Würdest du gern Fisch essen?

Was würdet ihr gern hören?

Herr Fernández, würden Sie gern nach Deutschland reisen?

Lösung: Nos gustaría estar una semana más /oder: Nos gustaría quedarnos una semana más. ¿Te gustaría comer pescado? ¿Qué os gustaría escuchar? Señor Fernández, ¿le gustaría ir / viajar a Alemania?

16 Ich würde lieber... * Preferiría...

»Ich würde lieber...« *drückt man aus mit* »**preferiría...**« *bzw.* »Wir würden lieber...« *mit* »**preferiríamos...**«. *Es folgt die Grundform der Verben/Tätigkeitswörter:*

comer, hablar, esperar, enviar, ver, mirar...
(essen, sprechen, warten, schicken, sehen, schauen...)

Ich würde lieber mit dem Chef sprechen.	Preferiría hablar con el jefe.
Wir würden lieber hier warten.	Preferiríamos esperar aquí.
Ich würde den Wagen lieber sehen.	Preferiría ver el coche.
Wir würden lieber dort sitzen.	Preferiríamos sentarnos allí.
Ich würde lieber Omelett bestellen.	Preferiría pedir tortilla.

Am liebsten würde ich...	**Lo que más me gustaría es...**
Am liebsten würden wir...	**Lo que más nos gustaría es...**
Am liebsten würden wir den Aufenthalt verlängern.	Lo que más nos gustaría es prolongar la estancia.
Am liebsten würden wir hierher ziehen.	Lo que más nos gustaría es venir a vivir aquí.

| *Am liebsten würde ich nichts sagen.* | Lo que más me gustaría es no decir nada. |
| *Am liebsten würde ich zu Hause bleiben.* | Lo que más me gustaría es quedarme en casa. |

❑ *Mein Lieblingsthema...*

Mein Lieblings... ist ...
Meine Lieblings... sind ...

❑ **Mi tema preferido**

mi ... preferido / preferida es ...
mis ... preferidos / preferidas son...

Lieblingsinsel:

Beachten Sie die Reihenfolge:
Lieblingsinsel = **isla preferida**

»**Preferido**« *nimmt man in Verbindung mit den männlichen Hauptwörtern und* »**preferida**« *mit den weiblichen Substantiven. In der Mehrzahl dementsprechend:* preferid**os** *und* preferid**as**.

Mein Lieblingsgericht ist ...	Mi comida preferida es ...
T. ist mein Lieblingssänger.	T. es mi catante preferido.
Fußball ist mein Lieblingsthema.	El fútbol es mi tema preferido.
Meine Lieblingsinsel ist Teneriffa.	Mi isla preferida es Tenerife.
Meine Lieblingsfarben sind blau und rot.	Mis colores preferidos son el azul y el rojo.
Meine Lieblingsmaterialien sind Holz und Marmor.	Mis materiales preferidos son la madera y el mármol.
Meine Lieblingsblumen sind Rosen.	Mis flores preferidas son las rosas.

Achten Sie darauf, dass hier im Spanischen die Artikel verwendet werden: el azul, el rojo, la madera, el mármol, las rosas.

Minitest ✏

Wie sagen Sie auf Spanisch?

Ich würde lieber in Santa Úrsula wohnen.

Mein Lieblingsinstrument ist die Gitarre.

Am liebsten würde ich heute nichts machen.

Wir würden lieber hier warten.

Lösung: Preferiría vivir en Santa Úrsula. Mi instrumento preferido es la guitarra. Lo que más me gustaría hoy es no hacer nada. Preferiríamos esperar aquí.

17 Die Wohnung I * El piso, la vivienda I

❏ Wortschatz   ❏ vocabulario

Wie Sie anhand der Überschrift sehen, gibt es im Spanischen zwei geläufige Namen für die Wohnung: »**el piso**« *und* »**la vivienda**«.

»**El piso**« *bedeutet aber auch Stockwerk. Wenn ich also sage:* »**Mi piso está en el cuarto piso**«, *dann heißt das, dass meine Wohnung sich im 4. Stock befindet.*

❏ Die Aufteilung der Wohnung   ❏ la distribución del piso

das Wohnzimmer	la sala de estar / el salón
das Esszimmer	el comedor
die Küche	la cocina
das Schlafzimmer	el dormitorio
die Diele	la entrada, el vestíbulo, el hall *(englisch ausgesprochen)*

Achtung:
Auf den Kanaren steht »**salón**« auch für »Garage«.

der Gang, der Korridor	el pasillo
das Arbeitszimmer	el despacho, la habitación de trabajo
das Kinderzimmer	la habitación de los niños
das Zimmer	la habitación
der Abstellraum	el trastero

das Bad	el baño
das Badezimmer	el cuarto de baño
die Toilette	el wáter, el aseo
der Balkon	el balcón
die Terrasse	la terraza
die Speisekammer	la despensa
der Keller	el sótano

❏ **zur Wohnung gehörig:**

die Garage

der Garten

❏ **perteneciente al piso:**

el garaje

el jardín

❏ **Wie ist die Wohnung?**

Die Wohnung ist...

groß

klein

neu

alt

❏ **¿Cómo es el piso/la vivienda?**

El piso es...	La vivienda es...
grande	grande
pequeño	pequeña
nuevo	nueva
viejo	vieja

Aber:

hell

hellhörig

El piso tiene mucha luz.

En la vivienda se oyen mucho los ruidos.

❏ **Wo ist die Wohnung?**

In einem großen Gebäude.

In einem hohen Haus.

In der Stadtmitte.

❏ **¿Dónde está la vivienda?**

En un edificio grande.

En una casa alta.

En el centro de la ciudad.

In der Nähe.	Cerca.
Weit weg.	Lejos.
In der Nähe des Hafens.	Cerca del puerto.
Nahe dem Busbahnhof.	Cerca de la estación de autobuses / guaguas.

❑ *Fragen* | ❑ **preguntas**

Ist es eine Mietwohnung?	¿Es un piso de alquiler?
Ist es ein Eigentumswohnung?	¿Es un piso en propiedad?
Sind Sie Mieter/in?	¿Es inquilino/a?
Sind Sie der Eigentümer/in?	¿Es propietario/a?
Sind Sie der Vermieter?	¿Es el dueño / el casero?
Sind Sie die Vermieterin?	¿Es la dueña / la casera?

Tipp für Mietverträge

In Mietverträgen sagt man eher **arrendatario** für Mieter/Pächter und **arrendador** für Vermieter/Verpächter.

Was zahlen Sie denn?	¿Qué es lo que paga?
Ich zahle eine Miete.	Pago alquiler.
Ich zahle 400 Euro Miete.	Pago cuatrocientos euros de alquiler.
Wieviel Miete zahlen Sie?	¿Cuánto paga de alquiler?
Zahlen Sie viel / wenig?	¿Paga mucho / poco?
Ich zahle den Strom extra.	Pago la luz aparte.

Die Stromrechnung.   El recibo de la luz.
Die Wasserrechnung.   El recibo del agua.

Umgangssprachlich steht »luz« für Strom, sonst heißt es »la corriente eléctrica«. Auch beide zusammen »luz y agua« werden umgangssprachlich gebraucht, aber auf der Rechnung steht »consumo eléctrico« für den Stromverbrauch und »consumo de agua« für den Wasserverbrauch.

❏ **recogida de basura (domiciliaria)**   ❏ *(Haus-)Müllabfuhr*

Auf der Rechnung für die Müllabfuhr steht:

tasa por recogida de residuos sólidos	*der Betrag für die Müllabfuhr*
ejercicio	*das entsprechende Jahr*
período	*der Zeitraum in Monaten*
abonado	*der Zahlende, der Kunde*
recibo	*Quittung*
Consorcio de Tributos	*Steuerstelle, Steueramt*
adeudo por domiciliación	*Zahlung per Abbuchungsauftrag*

Weitere interessante Begriffe

Steuern	impuestos
Grundsteuer	IBI (Impuesto sobre Bienes Inmuebles)
Makler	agente inmobiliario
Immobilienbüro	inmobiliaria
der Mietvertrag	el contrato de alquiler

Minitest 🖊   **Wie sagen Sie auf Spanisch?**

Ich bin nicht der Eigentümer / die Eigentümerin.

Meine Wohnung ist in der Nähe des Hafens.

Ich möchte die Stromrechnung bezahlen.

Meine Wohnung ist klein aber neu.

Lösung: No soy el propietario / la propietaria. Mi piso / vivienda está cerca del puerto. Quiero pagar el recibo de la luz. Mi piso es pequeño, pero nuevo. / Mi vivienda es pequeña, pero nueva.

18 Die Wohnung II * El piso, la vivienda II

❑ **Wohnung und Ausstattung**

Was gibt es im Wohnzimmer?

❑ **vivienda y equipamiento**

¿Que hay en el salón?

Um auszudrücken, welche Gegenstände sich in einem Raum befinden, gibt es einen einfachen unpersönlichen Ausdruck: »**Hay**«, *das heißt:* »Es gibt...« *oder* »Im Zimmer befinden sich...«.

❑ *Im Wohnzimmer...*

❑ **En el salón...**

steht, stehen, hängt, hängen, befindet sich, befinden sich, liegt, liegen, ist, sind, gibt es...

= **hay**

ein Sofa

un sofá

2 Sessel

dos sillones

1 Sessel

un sillón

1 Tisch

una mesa

4 Stühle	cuatro sillas
1 Teppich	una alfombra
3 Bilder	tres cuadros
2 Lampen	dos lámparas
1 Fernseher	un televisor
Gardinen, Vorhänge	cortinas
Scheibengardinen	visillos
1 Vitrine	una vitrina
1 Bücherschrank	una librería
1 Schrank	un armario
1 Regal	una estantería

*Sind Sie nicht überrascht, dass der Spanier mit einem so kurzen Wörtchen »***hay***« auskommt? Endlich mal was Leichtes auf Spanisch, nicht wahr? Es geht auch noch mit einem anderen Wörtchen »***tiene***« (=hat).*

Das Wohnzimmer hat...	El salón tiene...
1 Tür	una puerta
3 Fenster	tres ventanas

❏ **In der Küche...**	❏ **En la cocina...**
steht, stehen, hängt, hängen, befindet sich, befinden sich, liegt, liegen, ist, sind, gibt es...	= **hay**
Einbauschränke	armarios empotrados
1 Herd	una cocina
1 Gasherd	una cocina de gas
1 Elektroherd	una cocina eléctrica

1 Induktionsherd	una cocina de inducción
1 Glaskeramikherd	una cocina de vitrocerámica
1 Backofen	un horno
1 Spüle	un fregadero
1 Mikrowelle	un microondas
1 Kühlschrank	una nevera, un frigorífico
1 Tiefkühltruhe	un congelador
1 Geschirrspüler	un lavavajillas
1 Waschmaschine	una lavadora
Schränke	armarios
kleine Schränke	armaritos
1 Arbeitsplatte	una encimera

❏ *Im Schlafzimmer...*

❏ **En el dormitorio...**

steht, stehen, hängt, hängen, befindet sich, befinden sich, liegt, liegen, ist, sind, gibt es...

= **hay**

1 Bett	una cama
2 Betten	dos camas
1 Kleiderschrank	un armario ropero
1 Spiegel	un espejo
1 Kommode	una cómoda
2 Nachttische	dos mesillas
1 Schlafcouch	un sofá-cama
1 Wecker	un despertador
2 Nachtlämpchen	dos lamparitas de noche

❏ *Fußböden*

aus Fliesen

Parkett

Teppichboden

mit Teppichen

❏ **suelos**

de baldosa

de parquet, suelo entarimado

de moqueta, suelo enmoquetado

suelo alfombrado

❏ *Materialien*

Etwas ist aus...
Die Sachen sind aus...

❏ **materiales**

Algo es de...
Las cosas son de...

Holz	madera
Eisen	hierro
Metall	metal
Aluminium	aluminio
Marmor	mármol
Stein	piedra
Keramik	cerámica
Gips	yeso
Stuck	escayola
Zement	cemento
Beton	hormigón
Pappe, Karton	cartón
Papier	papel
Stoff	tela, tejido
Wolle	lana
Baumwolle	algodón

Samt	terciopelo
Leder	cuero, piel (weiches)
Wildleder	ante
Kupfer	cobre
Gold	oro
Silber	plata
Glas	cristal, vidrio

❏ *Beispiele*   ❏ **ejemplos**

Der Tisch ist aus Holz.	La mesa es de madera.
Die Stühle sind aus Holz.	Las sillas son de madera.
Das Sofa ist aus Leder.	El sofá es de cuero.
Die Sessel sind aus Leder.	Los sillones son de cuero.

❏ *Im Zimmer...*   ❏ **En la habitación...**

steht, stehen, hängt, hängen,
befindet sich, befinden sich,   = **hay**
liegt, liegen, ist, sind, gibt es...

1 Schreibtisch	un escritorio
1 Stereoanlage	una torre de música
1 Papierkorb	una papelera
1 Computer	un ordenador
1 CD / DVD Player	un reproductor de CDs (cedés) y DVDs (de-uve-des)
1 Aquarium	un acuario
1 Käfig	una jaula

1 Matratze für den Hund	un colchón para el perro
1 Katzenstreukästchen	un wáter para el gato
1 Drehsessel	un sillón giratorio
1 Kleiderhaken	un perchero

❏ Strom und Wasser / ❏ luz y agua

die Steckdose	la caja de enchufe
der Stecker	el enchufe
das Verlängerungskabel	el cable alargador
die Glühbirne	la bombilla
die Neonröhre	el tubo fluorescente
der Lichtschalter	el interruptor de la luz
der Hauptschalter	el interruptor principal
die Sicherung	el fusible
die Wasserleitung	la cañería
das Wasserrohr	la tubería
der Wasserhahn	el grifo
der Abfluss	el desagüe (Aussprache: des-a-gu-e)

❏ *Sätze*   ## ❏ frases

Je nach Geschlecht und Anzahl der Hauptwörter nehmen Sie das Eigenschaftswort mit der entsprechenden spanischen Endung und wählen zwischen »**está**« *(ist) und* »**están**« *(sind).*

...ist / sind kaputt.	...está roto/a.
	...están rotos/as.
...geht nicht / gehen nicht.	...no funciona / no funcionan.
...ist / sind verstopft.	...está atascado/a.
	...están atascados/as.
...ist / sind defekt.	...está / están mal.
...ist / sind in Ordnung.	...está / están bien.

... *ist kaputt!*

Der Lichtschalter ist kaputt.	El interruptor de la luz está roto.
Die Steckdose ist kaputt.	La caja del enchufe está rota.
Der Wasserhahn ist kaputt.	El grifo está roto.
Der Herd geht nicht.	La cocina no funciona.
Die Waschmaschine geht nicht.	La lavadora no funciona.
Der Abfluss ist verstopft.	El desagüe está atascado.
Das Wasserrohr ist verstopft.	La tubería está atascada.
Die Mikrowelle ist defekt.	El microondas está mal.
Die Neonröhre ist in Ordnung.	El tubo fluorescente está bien.
Die Wasserleitungen sind in Ordnung.	Las cañerías están bien.

Die Stecker sind defekt.	Los enchufes están mal.
Die Fliesen sind kaputt.	Las baldosas están rotas.
Die Rohre sind verstopft.	Las tuberías están atascadas.

Minitest

Wie sagen Sie auf Spanisch?

Das Abflussrohr ist verstopft.

Der Geschirrspüler geht nicht.

Die Glühbirne ist kaputt.

Die Wasserhähne sind defekt.

Lösung: La tubería del desagüe está atascada. El lavavajillas no funciona. La bombilla está rota. Los grifos están mal.

19 Die Wohnung III *
El piso, la vivienda III

❏ Im Badezimmer...

*steht, stehen, hängt, hängen,
befindet sich, befinden sich,
liegt, liegen, ist, sind, gibt es...*

1 Waschbecken

1 Badewanne

1 Dusche

1 Klosettschüssel

1 Matte

1 Badematte

1 Spiegel

1 Hausapotheke

1 Waschtoilette / 1 Bidet

1 Schränkchen

1 Duschvorhang

1 Bademantel

Toilettenpapier

Dusch-/Badegel

Shampoo

Handtücher

Badeschlappen

Pantoffeln

❏ En el cuarto de baño...

= **hay**

un lavabo

una bañera

una ducha

una taza del wáter / un inodoro

una estera

una alfombrilla de baño

un espejo

un botiquín

un bidé

un armarito

una cortina para la ducha

un albornoz

papel higiénico

gel de ducha, gel de baño

champú

toallas

chanclas, chancletas

zapatillas

1 Rasierapparat	una máquina de afeitar
Rasierklingen	cuchillas de afeitar
Rasiercreme	crema de afeitar
1 Rasierpinsel	una brocha de afeitar
1 Kamm	un peine
1 Haarbürste	un cepillo del pelo
1 Zahnbürste	un cepillo de dientes
Zahnpasta	pasta de dientes, dentífrico
Seife	jabón
1 Stück Seife	una pastilla de jabón
1 Föhn	un secador de pelo
1 Schwamm	una esponja
1 Becher mit Zahnbürsten	un vaso con cepillos de dientes
1 Waschhandschuh	una manopla de baño

❏ *Tätigkeiten*	❏ **actividades**

sich waschen	lavarse
sich abtrocknen	secarse
(sich) duschen	ducharse
sich kämmen	peinarse
sich rasieren	afeitarse
sich ausziehen	desnudarse
sich anziehen	vestirse
baden	bañarse

*Sie sehen, dass fast alle diese Tätigkeitswörter im Deutschen ein
»sich« beinhalten, was im Spanischen dem angehängten »**se**«
entspricht. Das deutsche »sich« steht vor dem Verb. Wenn Sie von
sich reden, wird das deutsche »sich« zu »mich«: ich wasche mich,
ich kämme mich... dabei wandert das in »mich« verwandelte »sich«
nach hinten. Im Spanischen ist es genau umgekehrt: das »**se**«
verwandelt sich in »**me**« und es wandert nach vorn: **me lavo, me
peino...***

*Bei »**vestirse**« muss man darauf aufpassen, dass das »**e**« von
»**vestirse**« sich in »**i**« verwandelt: »**me visto**« (ich ziehe mich an).*

*Das spanische »**me**« kann im Deutschen sowohl »mich« als auch
»mir« bedeuten. Darum kommt »**me**« in Sätzen vor, wie:*

Ich trockne mich ab.	Me seco.
Ich trockne mir die Füße ab. / *Ich trockne meine Füße ab.*	Me seco los pies.
Ich trockne mir die Haare ab. / *Ich trockne meine Haare.*	Me seco el pelo.

Tipp

»Meine Haare« sagt man
im Spanischen nicht,
sondern nur »**el pelo**«.

❏ *Sätze*

Ich brauche Duschgel.

Ich dusche am Abend.

Ich bade selten.

❏ **frases**

Necesito gel de ducha.

Me ducho por la tarde.

Me baño pocas veces.

Ich ziehe mich im Badezimmer aus.	Me desnudo en el cuarto de baño.
Ich ziehe mich im Schlafzimmer an.	Me visto en el dormitorio.
Meine Schlappen sind im Badezimmer.	Mis chanclas están en el cuarto de baño.
Die Badewanne ist voll.	La bañera está llena.
Ich dusche zuerst warm und dann kalt.	Me ducho primero con agua caliente y después con agua fría.
Ich rasiere mich jeden zweiten Tag.	Me afeito cada dos días.
Ich dusche jeden Tag.	Me ducho todos los días.
Ich wasche meine Hände mit Seife.	Me lavo las manos con jabón.

Minitest    **Wie sagen Sie auf Spanisch?**

Ich brauche ein Handtuch.

Ich dusche mit kaltem Wasser.

Normalerweise föhne ich meine Haare nach dem Duschen.

Wo ist die Zahnpasta?

Lösung: Necesito una toalla. Me ducho con agua fría. Normalmente me seco el pelo con un secador después de ducharme. ¿Dónde está la pasta de dientes?

20 Müssen I * Tener que I

*Wahrscheinlich kennen Sie das Wort »**tener**«. Es bedeutet »haben, besitzen«. Die gebeugten Formen **tengo** (ich habe) oder **tenemos** (wir haben) haben Sie auch bestimmt schon mal gehört.*

*Folgt auf dieses **tener** aber das Wort »**que**« (= **tener que**), so ändert sich die Bedeutung in → »müssen«.*

Beugungstabelle:

müssen	tener que...
ich muss	tengo que
du musst	tienes que
er/sie/es muss	tiene que
wir müssen	tenemos que
ihr müsst	tenéis que
sie müssen	tienen que
Sie (Frau/Herr...) müssen	tiene que
Sie (Frau und Herr...) müssen	tiene que

Als notwendige Ergänzung benötigt man ein Tätigkeitswort, welches die Information trägt: warten, bezahlen, (etwas) ausfüllen, (etwas) essen, (irgendwohin) gehen... Diese Verben stehen in jedem Wörterbuch in ihrer Grundform (Infinitiv), und gerade diese Grundform ist es, die wir als Ergänzung zum »müssen« brauchen.
Also, sehr einfach:

warten	= esperar	*bezahlen*	= pagar
ausfüllen	= rellenar	*essen*	= comer
gehen	= ir		

Nun verbindet man beide Formen:

ich muss warten	tengo que esperar
er muss bezahlen	tiene que pagar
du musst ausfüllen	tienes que rellenar
wir müssen essen	tenemos que comer
ihr müsst hingehen	tenéis que ir
sie müssen lernen	tienen que aprender

❏ *Satzstellung* ❏ posición en la frase

Sobald im Deutschen noch mehr Information eingeschleust wird, entfernt sich das Tätigkeitswort vom »müssen« (Modalverb).

Im Spanischen ist das nicht der Fall: »müssen« und Tätigkeitswort bleiben zwar getrennt, aber direkt aufeinanderfolgend:

Ich muss hier warten.	Tengo que esperar aquí
Ich muss hier auf meinen Nachbarn warten.	Tengo que esperar aquí a mi vecino.

❏ *Verneinung* ❏ negación

Möchte man den Satz veneinen, so ist »no« (= nicht) voran zu stellen:

Ich muss das Formular nicht ausfüllen.	No tengo que rellenar el formulario.
No tenemos que ir a la clínica.	Wir müssen nicht in die Klinik fahren.

❏ *Als Frage* ❏ como pregunta

Wenn Sie die Sätze als Fragen benutzen möchten, dann bleibt die Stellung im Satz gleich, nur sollten Sie dem Satz einen Frageton verleihen, ähnlich wie im Deutschen:

Muss ich hier warten?	¿Tengo que esperar aquí?
Muss ich nicht hier warten?	¿No tengo que esperar aquí?
Muss ich hier auf meine Nachbarn warten?	¿Tengo que esperar aquí a mis vecinos?
Muss ich nicht hier auf meine Nachbarn warten?	¿No tengo que esperar aquí a mis vecinos?

Auf diese einfache Weise können Sie mit Hilfe eines Wörterbuchs und der hier beschriebenen Technik Ihre eigenen Sätze bilden. Ich wünsche Ihnen viel Spaß dabei!

Minitest 🖊 **Wie sagen Sie auf Spanisch?**

Ich muss die Pflanzen gießen.

Wir müssen den Wagen in die Werkstatt fahren.

Musst du die Küche streichen?

Müsst ihr nicht den Vetrag unterschreiben?

Lösung: Tengo que regar las plantas. Tenemos que llevar el coche al taller. ¿Tienes que pintar la cocina? ¿No tenéis que firmar el contrato?

21 Müssen II * Tener que II

Neben den gebeugten Formen von »müssen«:

tengo que,	**tienes que,**	**tiene que,**
tenemos que,	**tenéis que,**	**tienen que**

gibt es noch die unpersönliche Form »man muss«:

Hay que...

Auch hier braucht man ein Verb in der Grundform als Ergänzung:

man muss pünklich sein	→	hay que ser puntual
hier muss man aufpassen	→	aquí hay que prestar atención

Verneinung und Frage sind so zu bilden:

No hay que cerrar la puerta.	Man muss die Tür nicht schließen.
¿Hay que abrir las puertas?	Muss man die Türen öffnen?
¿No hay que cerrar la ventana?	Muss man das Fenster nicht schließen?

Im Deutschen könnte man es anders formulieren, wie zum Beispiel:

SEÑORES

Die Tür muss nicht geschlossen werden. Müssen die Türen ge schlossen werden?

Aber im Spanischen bleibt es einfach bei:

Hay que (man muss).

Übungssätze ✎   **Testen Sie sich!**

1. *Wir müssen mit Herrn Martínez über die Dachterrasse sprechen.*
2. *Ihr müsst die Geräte und die Lampen in die Ecke stellen.*
3. *Muss ich am Mittwoch den Termin beim Arzt absagen?*
4. *Ich muss jeden Tag den Hund Gassi führen.*
5. *Wir müssen die Fahrräder nicht vor 19 Uhr abgeben.*
6. *Sie (einer) müssen zum Schalter gehen und dort bezahlen.*

---

1. *Man muss den Aufkleber an die Windschutzscheibe kleben.*
2. *Muss man die Wand zuerst trocknen lassen?*
3. *Muss man den Wasserstand jeden Tag kontrollieren?*
4. *Muss man nicht die Schrauben noch fester anziehen?*

---

1. *Wo muss ich den Schlüssel abgeben?*
2. *Wann müssen wir zurückfahren?*
3. *Wer muss die Garage reinigen?*
4. *Wohin müssen Sie gehen? (einer)*
5. *Warum musst du hingehen?*
6. *Was müsst ihr abholen?*

Wenn man diese - und andere Sätze - bilden möchte, tauchen sicherlich Zweifel auf, die nicht unbedingt mit »müssen« zu tun haben, sondern mit anderen Satzteilen. ....

1. Tenemos que hablar con el señor Martínez sobre la azotea.

2. Tenéis que poner los aparatos y las lámparas en el rincón.

3. ¿Tengo que anular el miércoles la cita con el médico?

4. Tengo que sacar todos los días el perro a pasear.

5. No tenemos que devolver las bicicletas antes de las siete de la tarde.

6. Tiene que ir a la ventanilla y pagar allí.

---

1. Hay que pegar la pegatina en el parabrisas.

2. ¿Hay que dejar secar la pared primero?

3. ¿Hay que controlar el nivel del agua cada día?

4. ¿No hay que apretar más los tornillos?

---

1. ¿Dónde tengo que entregar la llave?

2. ¿Cuándo tenemos que volver?

3. ¿Quién tiene que limpiar el garaje?

4. ¿Adónde tiene que ir?

5. ¿Por qué tienes que ir allí?

6. ¿Qué tenéis que recoger?

Aber alles kann man nicht auf einmal behandeln, darum lade ich Sie ein, weiterhin mit meiner Hilfe die Geheimnisse der .... spanischen Sprache zu erforschen.

22 Wem gehört? I * ¿De quién es? I

*Stellen Sie sich folgende Situation vor: Sie können nicht aus der Park-
lücke rausfahren, weil ein anderer Wagen, ein blauer, Ihnen den Weg
versperrt. Sie gehen in die Bar nebenan und möchten fragen, wem
der Wagen gehört.*

¿De quién es el coche azul?
Wem gehört der blaue Wagen?

*Im Wörterbuch finden Sie für »gehören« das Wort »pertenecer«.
Aber es ist üblicher, »**ser de**« zu benutzen (sein von).*

¿De quién es el coche?
wörtlich: Von wem ist der Wagen?

❏ *Übung*   ❏ ejercicio

*Üben Sie nun die Frage mit der Wortliste. Sie brauchen nur den
Wagen »**el coche**« durch das entsprechende Wort auszutauschen.*

der Regenschirm	¿ _____	el paraguas?
der Hut	¿ _____	el sombrero?
der Schlüssel	¿ _____	la llave?
die Jacke	¿ _____	la chaqueta?
die Zeitung	¿ _____	el periódico?
das Handy	¿ _____	el móvil?
das Haus	¿ _____	la casa?
der Hund	¿ _____	el perro?

*Es heißt »Wem gehört (eine Sache)...?«, aber: »Wem gehören
(mehrere Sachen)...?«. Auch im Spanischen wird dieser Unterschied
gemacht:*

¿De quien es la llave?   ¿De quién son las llaves?
(1 Schlüssel)   (3 Schlüssel)

Üben Sie nun beide Fragen:

(Blumen)   ¿ _____ las flores?

(Liege)   ¿ _____ la tumbona?

(Ansichtskarten) ¿ _____ las postales?

(Handtuch)   ¿ _____ la toalla?

(CDs)   ¿ _____ los cedés?

(Geld)   ¿ _____ el dinero?

(Rufnummer)   ¿ _____ el número de
                                              teléfono?

*Manchmal weiß man nicht, wie ein Gegenstand im Spanischen heißt,
da kann man hilfsweise alle Gegenstände durch das Wort »esto«
ersetzen (»das hier«). Also fragen Sie nun: »Wem gehört das hier?«*

¿De quién es esto?

Die Antworten dazu sollten wir aufteilen in:

a) es gehört...   + Name   **es de...   + nombre**

Es gehört Sylvia.   Es de Sylvia.
Es gehört Ulrich.   Es de Ulrich.
Es gehört Manuel und Olga. Es de Manuel y Olga.

b) es gehört meinem, meiner, meinen...   **es de mi / mis ...**

Es gehört meinem Nachbarn.   Es de mi vecino.
Es gehört meiner Nachbarin.   Es de mi vecina.
Es gehört meinen Nachbarn.   Es de mis vecinos.
Es gehört meinen Nachbarinnen.   Es de mis vecinas.

Je nachdem, was Sie meinen, wird im Deutschen die Antwort sein:

Er (der Hut) gehört Peter.	Es de Peter.
Sie (die Reisetasche) gehört Hans.	Es de Hans.
Es (das Buch) gehört Anne.	Es de Anne.

Mehrzahl:

er, sie, es gehört	**es de**
sie gehören	**son de**
Sie (die Schlüssel) gehören Judith.	Son de Judith.
Sie (die Papiere) gehören Juan.	Son de Juan.

Minitest 🖋   **Wie sagen Sie auf Spanisch?**

Wem gehört der Koffer?

Wem gehören die Orangen?

Die Uhr...? Sie gehört meiner Tochter.

Wem gehört das?

Lösung: ¿De quién es la maleta? ¿De quién son las naranjas? ¿El reloj...? Es de mi hija. ¿De quién es esto?

23 Wem gehört? II * ¿De quién es? II

Sie möchten sagen: »Es gehört mir«, *aber Sie müssen das Geschlecht und die Anzahl der Sache beachten:*

das Haus   *oder*   das Auto?

Auf Spanisch ist das Haus weiblich »**la casa**« *und das Auto männlich* »**el coche**«. *Folglich heißt es:*

Es mía.   (la casa)
Es mío.   (el coche)

Die Endung »**-a**« *steht für das weibliche Hauptwort und die Endung* »**-o**« *für das männliche Hauptwort. Wenn Sie Besitzer folgender Sachen sind, dann werden Sie richtig sagen:*

(das Hemd)	La camisa	es mía.	(Ez., weiblich)
(der Bleistift)	El lápiz	es mío.	(Ez., männlich)
(das Foto)	La foto	es mía.	(Ez., weiblich)
(die Landkarte)	El mapa	es mío.	(Ez., männlich)

❏ Mehrzahl   ❏ Plural

Auch hierbei müssen wir auf die Geschlechter achten.
Diese Sachen gehören mir:

Las llaves (die Schlüssel)	son mías.	(Mz., weiblich)
Los documentos (die Dokumente)	son míos.	(Mz., männlich)
Las fotos (die Fotos)	son mías.	(Mz., weiblich)
Los papeles (die Papiere)	son míos.	(Mz., weiblich)

❏ Verneinung   ❏ Negación

Wenn Sie sagen möchten, dass der Gegenstand Ihnen nicht gehört, benötigen Sie das spanische »**no**«. *Das stellen Sie vor das Verb.*

Die Zeitung gehört mir nicht.   El periódico no es mío.

Die Jacke gehört mir nicht.	La chaqueta no es mía.
Die Dokumente gehören mir nicht.	Los documentos no son míos.
Die Schlüssel gehören mir nicht.	Las llaves no son mías.

Manchmal gibt es Wörter, die im Deutschen in der Einzahl gebraucht werden, während sie im Spanischen nur in der Mehrzahl vorkommen, obwohl ein und derselbe Gegenstand gemeint ist. Aber da wir spanische Sätze bilden, müssen wir uns nach der spanischen Regel richten. Das Unangenehme dabei ist, dass die Mehrzahl genauso aussieht:

Einzahl = Mehrzahl

die Brille = **las gafas**	die Brillen = **las gafas**
die Schere = **las tijeras**	die Scheren = **las tijeras**

Die Brille gehört mir nicht. / *Die Brillen gehören mir nicht.*	Las gafas no son mías.
Die Schere gehört mir. / *Die Scheren gehören mir.*	Las tijeras son mías.

Minitest 🖋   **Wie sagen Sie auf Spanisch?**

Die Zeitschrift gehört mir nicht.

Der Hund gehört mir.

Die Brille gehört mir nicht.

Die Bananen gehören mir nicht.

Lösung: La revista no es mía. El perro es mío. Las gafas no son mías. Los plátanos no son míos.

Wir werden auch Gebrauch machen müssen von diesen Wörtern: dieser Regenschirm; diese Tasche; dieses Buch; diese Äpfel... Also benötigen wir die spanischen Begriffe hierfür:

Es gibt im Deutschen in der Einzahl 3 Geschlechter, diese werden in den Endungen deutlich: »dieser«, »diese«, »dieses«. Die Mehrzahl wird einheitlich geregelt, da gibt es nur die Endung »diese«.

*Da es aber im Spanischen für Gegenstände nur den männlichen oder weiblichen Artikel gibt, kommen nur 2 Endungen vor: »**este**« und »**esta**«. Ihre Mehrzahlformen sind ebenfalls männlich oder weiblich: »**estos**« und »**estas**«.*

Dieser Kugelschreiber gehört mir.	Este bolígrafo es mío.
Diese Plastiktüte gehört mir nicht.	Esta bolsa de plástico no es mía.
Diese Schuhe gehören mir nicht.	Estos zapatos no son míos.
Diese Postkarten gehören mir nicht.	Estas postales no son mías.

Im Spanischen zu sagen, dass etwas nicht »mir«, sondern »anderen«
gehört, ist gar nicht so schwer, wenn man ein paar Regeln einhält:

Es gehört ...   ...dir, ...ihm, ...ihr, ...uns, ...euch, ...ihnen,
                     ...Ihnen, Frau / Herr Schmidt, ...Ihnen, liebe Gäste

1) Die Gegenstände kommen vor in der Einzahl oder Mehrzahl sowie
in der männlichen oder weiblichen Form:

el, la, los, las   *oder*
este, esta, estos, estas   (dieser/e/es)

2) Der Gegenstand gehört...   die Gegenstände gehören...
es   **son**

3) Nun kommen die verschiedenen Besitzer, denen der Gegenstand
gehört. Die Besitzer kommen vor im (hier noch) unvollständigen Wort:

mi.., tuy.., suy.., nuestr.., vuestr.., suy.., suy...
1-mir 2-dir 3-ihm, ihr 4-uns 5-euch 6-ihnen 7-Ihnen

4) Aber diese unvollständigen Wörter müssen mit den Endungen
ergänzt werden, die die Anzahl und das Geschlecht der Gegenstände
wiedergeben. Dazu nehmen wir die 4 Endungen:

(Ez., männl.)	**-o**		**-a**	(Ez., weibl.)
(Mz., männl.)	**-os**		**-as**	(Mz., weibl.)

So entstehen:

1	mío	mía	mios	mías
2	tuyo	tuya	tuyos	tuyas
3	suyo	suya	suyos	suyas
4	nuestro	nuestra	nuestros	nuestras
5	vuestro	vuestra	vuestros	vuestras
6	suyo	suya	suyos	suyas
7	suyo	suya	suyos	suyas

Je nachdem, wem was gehört, entstehen dann folgende Verbindungen:

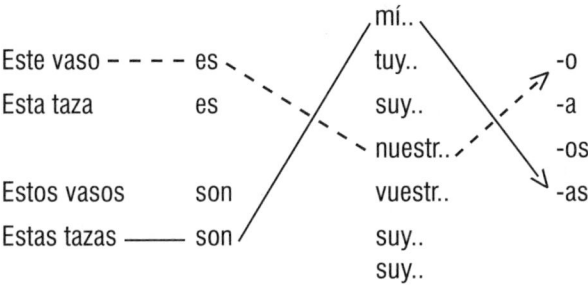

Este vaso – – – – es

Esta taza es

mí..

tuy..

suy..

nuestr..

Estos vasos son

Estas tazas —— son

vuestr..

suy..

suy..

-o

-a

-os

-as

Minitest   **Wie sagen Sie auf Spanisch?**

Diese Schuhe gehören ihr (Marta).

Diese Sachen gehören uns.

Gehören euch diese Handtücher?

Diese Pakete gehören Ihnen (Herr Fernández).

Lösung: Estos zapatos son suyos. Estas cosas son nuestras. Estas toallas ¿son vuestras? *oder:* ¿Son vuestras estas toallas? Estos paquetes son suyos.

25 Ich war... / bin hingegangen *
Estuve / fui

Bestimmt haben Sie diese Wörter schon gehört:

estuve, fui, estuvimos, fuimos...

Es sind Vergangenheitsformen. Wir werden uns hier nicht mit allen Vergangenheitsformen befassen, sondern nur mit diesen Wörtern .

*Im ersten Buch hieß es, man könne die Vergangenheit sehr leicht ausdrücken, indem man Hilfsverb und Mittelwort der Vergangenheit (Partizip) miteinander verbindet: »**haber**«, das Hilfsverb (im Deutschen »haben« oder »sein«, »ich habe gelesen«, »ich bin aufgestanden«) und die Partizipien, die bis auf wenige Ausnahmen alle auf »-**ado**« oder »-**ido**« enden. Sie meinen das, was im Deutschen die Vorsilbe »ge-« ausdrückt (ge̲lesen, aufge̲standen).*

So heißt: »ich bin (irgendwo) gewesen«, oder »ich war (irgendwo)«
he estado...

und: »ich bin (irgendwohin) gegangen, gefahren, geflogen«
he ido...

EL
PASADO

Auf »wir« *bezogen, heißen die Formen:*

hemos estado
hemos ido

Im Spanischen nimmt man aber auch hierfür eine andere grammatikalische Zeit, vor allem, wenn bestimmte Zeitangaben gemacht werden. Das System ist zwar komplex, aber wenn man sich nur mit »**fui**« *und* »**estuve**« *befasst, ist es nicht sehr schwierig.*

Auf Zeitbegriffe wie:

heute, diese Woche, diesen Monat oder dieses Jahr

folgen die Formen:

(ich)	**he estado**	*oder*	**he ido**
(wir)	**hemos estado**	*oder*	**hemos ido**

Auf andere Zeitbegriffe wie:

gestern, vorgestern, am vergangenen Montag, voriges Jahr,
vor drei Wochen, vor langer Zeit, im Jahr 2004

folgen die Formen:

(ich)	**estuve**	*oder*	**fui**
(wir)	**estuvimos**	*oder*	**fuimos**

Übung 🖉

Wofür würden Sie sich in den folgenden Fällen entscheiden, für:
he ido, **he estado**, **fui** *oder* **estuve**?

1. Diese Woche war ich einmal in Icod.

2. Voriges Jahr war ich 1 Woche in Barcelona.

3. Am vergangenen Montag bin ich zum Flughafen gefahren.

4. Heute bin ich zum Flughafen gefahren.

Lösung: 1. he estado; 2. estuve; 3. fui; 4. he ido

Welche Vergangenheitsform?

»Fui« und »estuve«		»He ido« und »he estado«	
gestern	ayer		
vorgestern	anteayer	heute	hoy
vorige Woche	la semana pasada	diese Woche	esta semana
vorigen Monat	el mes pasado	diesen Monat	este mes
voriges Jahr	el año pasado	dieses Jahr	este año
am Tag x...	el día x...		

Achtung, eine Besonderheit: Viele Canarios verwenden häufiger »fui« und »estuve«, so dass Sie auf den Kanaren öfter diese Begriffe hören werden, anstatt »he ido« und »he estado«. Das hat mit regionaler Sprachentwicklung zu tun und betrifft nicht nur die Einwohner der Kanaren.

Übung 🖊 **Üben wir noch ein bisschen!**

Tragen Sie bitte die richtigen Wörter ein:

fui	*oder*	**estuve**
he ido	*oder*	**he estado**

Vor 2 Wochen war ich auf Lanzarote.	1.
Diese Woche bin ich zu einem Einkaufszentrum gefahren.	2.
Gestern war ich in La Laguna.	3.
Heute war ich im Supermarkt.	4.
Heute bin ich zum Strand gegangen.	5.
Am Sonntag bin ich nach Candelaria gefahren.	6.

Lösung: 1. estuve; 2. he ido; 3. estuve; 4. he estado; 5. he ido; 6. fui

1. Die Wochentage

Immer mit dem Artikel »el« für das deutsche »am«:

am (vergangenen) Montag,	el lunes, el martes, el miércoles,
am Dienstag, am Mittwoch...	el jueves, el viernes, el sábado,
	el domingo

Dabei müssen Sie nicht jedesmal »vergangenen...« *sagen, weil* »**fui**« *und* »**estuve**« *schon die Vergangenheit meinen.*

2. Die Monate

Immer mit der Präposition »**en**« für das deutsche »im«:

im (vergangenen) Januar,	en enero, en febrero, en marzo,
im Februar,	en abril, en mayo, en junio, en julio, en agosto, en
im März...	septiembre, en octubre, en noviembre, en diciembre

3. Das Datum

Achten Sie auf die Verbindungswörtchen »**en**« *und* »**de**«:

im Jahr 2003	en 2003	(dos mil tres)
	en 2001	(dos mil uno)
	en 1994	(mil novecientos noventa y cuatro)
	en 1983	(mil novecientos ochenta y tres)
im April 2003	en abril de 2003	
	en febrero de 1983	
	en octubre de 1994...	
am 3. Juni 2002	el 3 (tres) de junio de 2002 (dos mil dos)	
	el 5 (cinco) de mayo de 1983	

4. vor einem Zeitraum

Sie können auch ausrechnen, wie lange es her ist, und sagen »**hace**«:

vor 15 Jahren	hace 15 (quince) años
vor 6 Wochen	hace 6 (seis) semanas
vor 3 Monaten	hace 3 (tres) meses

Das geht genauso mit einer ungenauen Zeitangabe:

vor langem	hace mucho
vor kurzem	hace poco
vor langer Zeit	hace mucho tiempo
vor kurzer Zeit	hace poco tiempo

Sicher verstehen Sie nun diese kurzen Texte:

El sábado fui a Candelaria y estuve allí toda la tarde. El domingo por la mañana fui a Santa Cruz y estuve en el rastro. Estuve allí 3 horas, después fui a una cafetería y estuve allí con un amigo. A las dos de la tarde fui a casa.

Hace dos años fui a Madrid. Allí estuve en el rastro: un rastro impresionante. Hace catorce años fui a Portugal. Estuve una semana en Lisboa. Allí estuve en un museo, en un jardín botánico y en la parte antigua de la ciudad. Después fui al Algarve y estuve una semana en Lagos. Luego fui al norte del país y estuve allí también una semana.

Am Samstag bin ich nach Candelaria gefahren und war den ganzen Nachmittag dort. Am Sonntag bin ich nach Santa Cruz gefahren und war auf dem Flohmarkt. Ich war drei Stunden dort. Danach bin ich in ein Café gegangen und war dort mit einem Freund. Um 2 Uhr Nachmittag bin ich nach Hause gefahren.

Vor 2 Jahren bin ich nach Madrid geflogen. Dort war ich auf dem Flohmarkt: ein imposanter Flohmarkt. Vor 14 Jahren bin ich nach Portugal gereist. Ich war eine Woche in Lissabon. Dort war ich in einem Museum, in einem botanischen Garten und in der Altstadt. Danach bin ich an die Algarve gefahren und war eine Woche in Lagos. Dann bin ich in den Norden des Landes gefahren und war dort auch eine Woche.

Sie könnten es im Deutschen sicher anders ausdrücken: »traf einen Freund«, »blieb eine Woche«, »habe die Stadt besucht« *usw. Aber im Spanischen tun Sie sich leichter mit* »**fui**« *und* »**estuve**«*, solange Sie nicht andere Verben und Formen kennen.*

In die »wir« -Form umgewandelt, würden die Texte lauten:

El sábado, Manolo y yo, fuimos a Candelaria y estuvimos allí toda la tarde. El domingo por la mañana fuimos a Santa Cruz y estuvimos en el rastro. Estuvimos allí 3 horas, después fuimos a una cafetería y estuvimos allí con un amigo. A las dos de la tarde fuimos a casa. Hace dos años fuimos a Madrid. Allí estuvimos en el rastro: un rastro impresionante.

Hace catorce años, Ana y yo, fuimos a Portugal. Estuvimos una semana en Lisboa. Allí estuvimos en un museo, en un jardín botánico y en la parte antigua de la ciudad. Después fuimos al Algarve y estuvimos una semana en Lagos. Luego fuimos al norte del país y estuvimos allí también una semana.

Versuchen Sie es selbst:

Am Samstag sind Manolo und ich nach Candelaria gefahren und waren den ganzen Nachmittag dort...

_____   _____

_____   _____

Vor 14 Jahren sind Ana und ich nach Portugal gereist. Wir waren eine Woche in Lissabon....

_____   _____

_____   _____

_____

26 Bevor, nachdem * Antes, después

»Bevor« und »nachdem« sind zwei Begriffe, die oft gebraucht werden können, die aber einer gewissen Technik bedürfen. Im Spanischen ist das sehr leicht. Sie benutzen diese Begriffe immer zusammen mit einer Grundform, also:

Antes de ...	comer.
Después de ...	salir.
Antes de ...	entrar.
Después de ...	desayunar.

Im Deutschen kann das Verb in der Gegenwart oder auch in der Vergangenheit vorkommen, aber im Spanischen werden diese Begriffe nur mit der Grundform eines Verbs (dem Infinitiv) verwendet.

Wenn Sie also im Deutschen sagen:

Bevor ich frühstücke...
Bevor ich gefrühstückt habe...

heißt es im Spanischen nur: **Antes de desayunar.**

Nachdem ich gefrühstückt
habe / hatte...

im Spanischen: **Después de desayunar.**

Da »**desayunar**« eine Grundform ist, lässt diese nicht erkennen, wer gefrühstückt hat, und auch nicht, wann das passiert ist. Darum werden Personen und Zeitpunkt erst im Hautpsatz verraten:

❑ ..., bevor ...	❑ ... antes de ...
Ich dusche, bevor ich frühstücke.	Me ducho antes de desayunar.
Wir kochen Kaffee, bevor wir frühstücken.	Hacemos café antes de desayunar.
Ich habe die Zeitung gelesen, bevor ich gefrühstückt habe.	He leído el periódico antes de desayunar.

Wir haben miteinander telefoniert,
bevor wir gefrühstückt haben.

Hemos hablado por teléfono
antes de desayunar.

❑ ..., nachdem ...

Ich werde aus dem Haus gehen,
nachdem ich gefrühstückt habe.

Wir beginnen mit der Arbeit,
nachdem wir gefrühstückt haben.

Nachdem der Bus abgefahren war,
ging ich weg.

Nachdem wir den Raum sauber
gemacht hatten, gingen wir nach
Hause.

❑ ... después de ...

Voy a salir de casa
después de desayunar.

Empezamos con el trabajo
después de desayunar.

Después de salir el autobús,
me fui.

Después de limpiar la habitación,
fuimos a casa.

❑ *Weitere Beispiele*

Nachdem die Maschine gelandet
war, fuhren wir mit einem Bus
zum Flughafengebäude.

Bevor die Kinder nach Hause
kommen, spielen sie noch ein
wenig Fußball.

Ich habe die Fotos gespeichert,
nachdem ich sie runtergeladen hatte.

Nachdem wir bezahlt hatten,
blieben wir noch eine Stunde
im Restaurant.

Schält ihr die Kartoffeln, bevor
ihr sie in Wasser kocht?

Nachdem ich die Katze gefüttert
hatte, ging ich zu Martin.

❑ **Más ejemplos**

Después de aterrizar el avión,
fuimos al edificio del aeropuerto
en autobús.

Antes de llegar a casa, los niños
juegan un poco al fútbol.

He guardado las fotos
después de descargarlas.

Después de pagar,
estuvimos una hora más
en el restaurante.

¿Peláis las patatas antes
de cocerlas?

Después de dar de comer al gato,
fui a casa de Martín.

Bevor ich zu Andrea ging, ging ich zum Supermarkt.	Antes de ir a casa de Andrea, fui al supermercado.
Bevor ich in Toledo war, war ich eine Woche in Santander.	Antes de estar en Toledo, estuve una semana en Santander.
Ich fuhr nach Puerto de la Cruz, nachdem ich meinen Freund angerufen hatte.	Fui a Puerto de la Cruz después de llamar a mi amigo.
Ich habe den Flug gebucht, nachdem ich den Preis erfahren hatte.	He reservado el vuelo después de saber el precio.

Minitest 　　　　　**Wie sagen Sie auf Spanisch?**

Bevor ich einen Flug buche, schaue ich im Internet nach.

Nachdem wir die Pflanzen gegossen haben, werden wir essen gehen.

Wir haben uns unterhalten, bevor wir reingegangen sind.

Ich flog nach Madrid, nachdem ich einen billigen Flug gefunden hatte.

Lösung: Antes de reservar un vuelo, miro en Internet. Después de regar las plantas, vamos a ir a comer. Hemos charlado antes de entrar. Fui a Madrid después de encontrar un vuelo barato.

aber	pero	so	así	wenn/falls	si
deshalb/darum	por eso	ja	sí	noch	todavía/aún
weil	porque	nein	no	noch nicht	todavía/aún no
um zu	para	nicht	no	schon	ya
für	para	ob	si	nicht mehr	ya no

Ja - Nein - Wenn - Aber

❏ **Beispiele**

Heute nicht, _aber_ morgen.

Er hat keine Zeit, _deshalb_ nimmt er nicht teil.

Ich weiß es, _weil_ ich da wohne.

Sie geht rein, _um_ sich _um_zuschauen.

Das Päckchen ist _für_ Familie González.

_So_ macht man das; _so_ nicht.

Möchten Sie die Leberwurst? - _Ja_.

Möchten Sie warten? - _Nein_.

Ich bin _nicht_ Helga.

Ich weiß nicht, _ob_ es mir schmeckt.

❏ **ejemplos**

Hoy no, _pero_ mañana.

No tiene tiempo, _por eso_ no participa.

Lo sé, _porque_ vivo ahí.

Entra _para_ mirar.

El paquete es _para_ la familia González.

Esto se hace _así_; no _así_.

¿Quiere el paté? - _Sí_.

¿Quiere esperar? - _No_.

_No_ soy Helga.

No sé, _si_ me gusta.

Wenn Sie möchten, warte ich hier.	<u>Si</u> quiere, espero aquí.
Ich habe noch drei Stück.	<u>Todavía</u> tengo 3. / <u>Aún</u> tengo tres.
Die Nachbarn sind noch nicht zu Hause.	Los vecinos <u>aún no</u> están en casa. / Los vecinos <u>todavía no</u> están en casa.
Ich weiß es schon.	<u>Ya</u> lo sé.
Wir tanzen nicht mehr.	<u>Ya no</u> bailamos.

Nun können Sie es selbst versuchen!

Setzen Sie die richtigen Wörter ein:

1. Wenn er nichts braucht, ...   _____ no necesita nada...

2. Er fragt, ob ich es brauche.   Pregunta _____ lo necesito.

3. Nein, am Donnerstag nicht.   _____, el jueves _____.

4. Um nach Icod zu fahren, ...   _____ ir a Icod...

5. Ich habe noch Schmerzen.   _____ tengo dolor.

6. Ich rauche nicht mehr.   _____ fumo.

7. Peter ja, aber Hans nicht.   Peter _____, _____ Hans _____.

8. So ist es besser.   _____ está mejor.

9. Für wen ist dieses Besteck?   ¿ _____ quién es este cubierto?

10. Wir haben schon fünf Stück.   _____ tenemos cinco.

11. Es tut weh, weil es entzündet ist.   Duele, _____ está inflamado.

12. Deshalb nehme ich ein Taxi.   _____ cojo un taxi.

Lösung: 1. si; 2. si; 3. no, no; 4. para; 5. aún, todavía; 6. ya no; 7. sí, pero, no; 8. así; 9. para; 10. ya; 11. porque; 12. por eso

28 Die Reinigung, der Haushalt *
la limpieza, la casa

❏ **Wortschatz**	❏ **vocabulario**
die Putzmittel	los productos de limpieza
der Besen	la escoba
die Kehrichtschaufel	el recogedor
der Eimer	el cubo
der Wischmopp	la fregona
der Wischlappen	el trapo
der Topfkratzer	el estropajo
der Putzlappen	la bayeta
der Staubsauger	la aspiradora
das Bügeleisen	la plancha
das Bügelbrett	la tabla de planchar
der Wäscheständer	el tendedero
die Wäscheklammern	las pinzas de la ropa
der Kleiderbügel	la percha

❏ **Tätigkeiten**	❏ **actividades**
nass wischen	fregar
Geschirr spülen, abwaschen	fregar
Staub wischen	quitar el polvo
staubsaugen	pasar la aspiradora
kehren, fegen	barrer

putzen, reinigen	limpiar
wachsen, bohnern	encerar
polieren	abrillantar, pulir
bügeln	planchar
Wäsche aufhängen	tender la ropa

❏ *Mittel* ❏ **productos**

Reinigungs- Wasch-, Spülmittel	detergente
Wachs	cera
Waschpulver	jabón para la ropa
Weichspüler	suavizante para la ropa
Fensterputzmittel	limpiacristales
Lauge	lejía
Seife	jabón

Die Reinemachefrau, Putzfrau	la señora de la limpieza
Die Haushaltshilfe	la asistenta

❏ *Was ich selber mache...*

Ich wasche die Wäsche und hänge sie auf.

Ich kehre jeden Tag die Terrasse.

Ich putze die Glaskeramik mit einem Lappen.

Ich wische nur einmal in der Woche Staub.

Ich benutze keinen Weichspüler.

Ich muss jeden Tag staubsaugen.

Ich bügle sehr ungern.

❏ Lo que hago yo misma/o...

Lavo la ropa y la tiendo.

Barro todos los días la terraza.

Limpio la vitrocerámica con un trapo.

Quito el polvo sólo una vez por semana.

No uso suavizante.

Tengo que pasar cada día la aspiradora.

No me gusta planchar.

Brauchen Sie etwas?

❏ *Gespräche mit der Putzfrau*

Brauchen Sie Spülmittel?

Was brauchen Sie?

Brauchen Sie Hilfe?

Brauchen Sie sonst noch etwas?

Ich brauche Putzlappen.

Ich brauche sonst nichts.

Ich brauche nichts.

Wenn Sie etwas brauchen, sagen Sie es mir.

❏ Conversaciones con la señora de la limpieza:

¿Necesita detergente?

¿Qué necesita?

¿Necesita ayuda?

¿Necesita algo más?

Necesito bayetas.

No necesito nada más.

No necesito nada.

Si necesita algo, dígamelo.

Sind Sie fertig?	¿Ha terminado?
Sind Sie mit dem Staubsaugen fertig?	¿Ya ha pasado la aspiradora?
Sind Sie schon fertig?	¿Ya ha terminado?
Haben Sie die Böden schon gewischt?	¿Ya ha fregado los suelos?

Sind Sie schon fertig?

Haben Sie schon alles gemacht?	¿Ya ha hecho todo?
Fehlt noch was?	¿Falta algo más?
Wie lange, glauben Sie, brauchen Sie noch?	¿Cuánto tiempo cree que va a tardar todavía?
Wenn Sie fertig sind, sagen Sie es mir.	Cuando haya terminado, dígamelo.

❏ *Wo?* ❏ ¿dónde?

Wissen Sie wo der Eimer ist?	¿Sabe dónde está el cubo?
Wo sind die Besen?	¿Dónde están las escobas?
Ich finde den Weichspüler nicht.	No encuentro el suavizante.
Ich weiß nicht, wo die Filtertüten für den Staubsauger sind.	No sé dónde están las bolsas para el filtro de la aspiradora.

❏ *Probleme* ❏ problemas

Ich kann morgen nicht kommen.	Mañana no puedo venir.
Der Staubsauger geht nicht.	La aspiradora no funciona.
Das Spülmittel ist alle.	El detergente se ha acabado.

Der Besen ist kaputt.	La escoba está rota.
Es geht mir nicht gut.	No me encuentro bien.
Tut Ihnen was weh?	¿Le duele algo?
Geht es Ihnen gut?	¿Está bien? ¿Se encuentra bien?
Kann ich Ihnen helfen?	¿Puedo ayudarla?
Können Sie mir helfen?	¿Puede ayudarme?
Ich (weibl.) kann die Gardinen nicht alleine aufhängen.	No puedo colgar las cortinas yo sola.
Vorsicht...!	¡Cuidado!

❏ Soll ich ...?   ¿Quiere que ...?

»**Quiere que...**?« *bedeutet eigentlich:* »Möchten Sie, dass...?«, *aber so drückt sich der Spanier aus, wenn gemeint ist:* »Soll ich...?«.

Soll ich morgen kommen?	¿Quiere que venga mañana?
Soll ich die Wäsche aufhängen?	¿Quiere que tienda la ropa?
Soll ich die Fenster putzen?	¿Quiere que limpie los cristales?
Soll ich alle Zimmer reinigen?	¿Quiere que limpie todas las habitaciones?

Aufforderungen, Empfehlungen   órdenes, recomendaciones

Seien Sie bitte vorsichtig mit der Vase!	¡Por favor, tenga cuidado con el jarrón!
Kommen Sie bitte morgen nicht!	¡Por favor, no venga mañana!
Kommen Sie bitte am Mittwoch, aber am Nachmittag!	¡Por favor, venga el miércoles, pero por la tarde!
Morgen fangen Sie bitte um 8 Uhr an!	Mañana, por favor, ¡empiece a las 8!

Sie brauchen keine Putzmittel mit zu bringen.	No necesita traer productos de limpieza.
Vorsicht! Fallen Sie nicht runter!	¡Cuidado! ¡No se caiga!
Steigen Sie nicht auf diesen Hocker!	¡No se suba a esta banqueta! / ¡No se suba a este taburete!
Wenn Sie gehen, schalten Sie bitte das Licht aus und sperren Sie die Tür zu!	Cuando se vaya, ¡por favor, apague la luz y cierre la puerta con llave!
Gehen Sie bitte noch nicht!	¡Por favor, no se vaya todavía!
Was schulde ich Ihnen?	¿Qué le debo?

Minitest 🖉   **Wie sagen Sie auf Spanisch?**

Kommen Sie bitte am Freitag!

Geht es Ihnen nicht gut?

Brauchen Sie etwas?

Bitte schließen Sie die Fenster, wenn Sie gehen!

Lösung: ¡Por favor, venga el viernes! ¿No se encuentra bien? oder ¿No está bien? ¿Necesita algo? Cuando se vaya, ¡por favor, cierre las ventanas!

29 Der Garten * El jardín

❏ *Wortschatz*

❏ **vocabulario**

der Garten	el jardín
der Gärtner / die Gärtnerin	el jardinero / la jardinera
die Gärtnerei	la jardinería
die Größe	el tamaño
die Fläche	la superficie
die Mauer	el muro
der Zaun	la valla
der Maschendraht	la malla metálica
der Rand	el borde
die Treppe	la escalera

❏ *Groß, klein?*

❏ **¿Grande, pequeño?**

die Länge	la longitud, el largo
die Breite	la anchura, el ancho
der Quadratmeter	el metro cuadrado
Quadratmeter	metros cuadrados
die Höhe	la altura

❏ *Teile*

❏ **partes**

der Rasen	el césped
das Gras	la hierba
der Baum	el árbol

die Bäume	los árboles
der Obstbaum	el árbol frutal
die Pflanze	la planta
die Blume/n	la flor / las flores
das Unkraut	las malas hierbas
der Strauch, die Staude, der Busch	el arbusto
die Zierpflanze	la planta ornamental

❏ **die Dekoration**	**la decoración**
der Stein / die Steine	la piedra / las piedras
der Fels / die Felsen	la roca / las rocas
der Kies	la piedrilla
das Geröll	los cantos rodados
der Felshaufen, Zierfelsen	la rocalla
der Blumenkasten	la jardinera
der Blumentopf	el tiesto, la maceta

❏ **Erde, Boden, Dünger**	❏ **tierra, suelo, abono**
die Erde	la tierra
der Boden	el suelo
der Kompost	el compost
der Dünger	el abono
der Kunstdünger	el abono químico
der Mist	el estiércol
der Pferdemist	el estiércol de caballo

das Phosphat	el fosfato
phosphatfrei	sin fosfatos
die Nährstoffe	los nutrientes
sauer	ácido
saurer Boden	suelo ácido
die Saatzeit	la siembra
die Ernte	la recolección
der Anbau, die Zucht (Pflanzen)	el cultivo

❑ **Loch**

❑ **hoyo, agujero**

tief	hondo, profundo
breit	ancho
lang	largo

❑ **Materialien, Werkzeug**

❑ **materiales, herramientas / aperos**

das Wasser	el agua
der Rasenmäher	el cortacésped
der Häcksler	la trituradora
die Axt	el hacha
der Pflug	el arado
die Schere	las tijeras
die Schaufel	la pala
die Spitzhacke	el pico
die Hacke	la azada
der Rechen	el rastrillo

der Wasserschlauch	la manguera
der Besen	la escoba
der Rasensprenger	el aspersor
die Gießkanne	la regadera
die Schnur	la cuerda
der Draht	el alambre

❏ der Baum — ❏ el árbol

der Stamm	el tronco
der Ast / die Äste	la rama / las ramas
der Zweig / die Zweige	la rama / las ramas
die Rinde	la corteza
das Blatt / die Blätter	la hoja / las hojas
die Blüte/n	la flor / las flores
die Knospe	la yema
der Trieb / die Triebe	el brote / los brotes
die Wurzel/n	la raíz / las raíces
der Samen, das Samenkorn	la semilla
der Steckling	el esqueje

❏ das Obst — ❏ la fruta

die Frucht	el fruto
der (Obst)-Kern	la pepita
die Schale	la cáscara (hart)
	la piel (weich)

❏ *die Blume*	❏ **la flor**
die Blüte	la flor
der Stängel	el tallo
die Wurzel	la raíz
das Blütenblatt	el pétalo
das Blatt	la hoja
blühen	florecer
(ver)-welken	marchitarse
der Duft, der Geruch	el olor
der Gestank	el mal olor, el hedor
duften, riechen	oler
es duftet, riecht (gut) (nach...)	huele (bien) (a...)
es riecht schlecht	huele mal

❏ *Tätigkeiten*	❏ **actividades**
graben	cavar
säen	sembrar
pflanzen	plantar
umpflanzen	trasplantar
düngen	abonar
gießen	regar
sprengen	regar con aspersor
beschneiden, stutzen	podar
schneiden	cortar
fällen	talar

(Unkraut) jäten	arrancar las malas hierbas
umgraben	remover la tierra
pfropfen	injertar
ausreißen, abreißen	arrancar
spritzen (mit Wasser)	rociar
festhalten, befestigen	sujetar
binden, anbinden	atar
stützen (mit Balken)	apuntalar
stützen	apoyar
anbauen, züchten	cultivar
spritzen	fumigar, pulverizar
schwefeln	sulfatar
wachsen	crecer

❏ Krank? Gesund?

❏ ¿Enfermo/a? ¿Sano/a?

das Gift	el veneno
das Unkrautbekämpfungsmittel	el herbicida
das Insektenvernichtungsmittel	el insecticida
das Pflanzenschutzmittel	el plaguicida
der Parasit	el parásito
die Blattlaus	el pulgón
die Plage	la plaga
zerfressen	* comido/a/os/as
runzelig, verknittert	* arrugado/a/os/as
trocken	* seco/a/os/as

| feucht | * húmedo/a/os/as |
| nass | * mojado/a/os/as |

* Die Endungen (-o,-a,-os,-as) der Eigenschaftswörter richten sich nach Geschlecht und Anzahl der Hauptwörter.

*Die Sätze werden mit »***estar***« gebildet:*

El arbusto está seco.

Las plantas están secas.

La tierra está húmeda.

Los tomates están mojados.

❏ *Der Gemüsegarten*

der Kopfsalat

die Erdbeere

der Spinat

die Tomate

die Frühlingszwiebel

der Lauch

die Kartoffel

der Knoblauch

die grünen Bohnen

die Kräuter

❏ **el huerto, la huerta**

la lechuga

la fresa

las espinacas

el tomate

la cebolleta

el puerro

la patata, la papa

el ajo

las judías verdes

las hierbas

❏ *Tiere im Garten*

der Vogel /die Vögel

die Echse

❏ **animales en el jardín**

el pájaro / los pájaros

el lagarto

die Eidechse	la lagartija
der (Mauer-)Gecko	la salamanquesa, *auf den Kanaren:* el perenquén
die Maus	el ratón
die Ratte	la rata
die Spitzmaus	la musaraña
der Frosch	la rana
der Fisch / die Fische	el pez / los peces
die Schildkröte	la tortuga
die Süßwasserschildkröte	el galápago, la tortuga de agua
die Schnecke	el caracol
die Spinne	la araña
das Spinnennetz	la tela de araña
die Stechmücke	el mosquito
die Fliege	la mosca
die Mückenlarve	la larva de mosquito
die Libelle	la libélula
die Ameisen	las hormigas
der Regenwurm	la lombriz
die Regenwürmer	las lombrices
das Nest	el nido
die Eier	los huevos
der Teich	el estanque

Man beachte:

Die Farben sind mit den Hauptwörtern nach Geschlecht und Anzahl in Einklang zu bringen, immer wenn sie auf »-o« enden:

rojo, roja, rojos, rojas

Bei den anderen Endungen muss man nur auf die Anzahl achten:

verde, verdes, azul, azules

Beispiele:

La rosa es roja.

Las margaritas son blancas.

El eslizón es negro.

Las hojas son verdes.

Los pétalos son azules.

La libélula es azul.

El muro es blanco.

Las pepitas son negras.

El estiércol es marrón.

Farben	Colores
rot	rojo
gelb	amarillo
braun	marrón
weiß	blanco
schwarz	negro
blau	azul
grün	verde
grau	gris
orange	naranja

❏ *Sätze*

Mein Garten ist 60 m lang und 13 m breit.

Ich habe 250 qm Garten.

❏ frases

Mi jardín tiene sesenta metros de largo y trece de ancho.

Tengo doscientos cincuenta metros cuadrados de jardín.

Mein Garten ist 340 qm groß.	Mi jardín tiene trescientos cuarenta metros cuadrados.
Meine Bäume sind nicht sehr hoch. ¿Le molestan?	Mis árboles no son muy altos. Stören sie Sie?
Der Teich befindet sich hinter dem Haus.	El estanque está detrás de la casa.
Ich habe mein Gartenwerkzeug in einer Hütte an der Mauer.	Tengo los aperos del jardín en una cabaña que está junto al muro.
Mir fehlt die Spitzhacke. Haben Sie sie irgendwo gesehen?	Me falta el pico. ¿Lo ha visto por alguna parte?
Brauchen Sie morgen den Rasenmäher?	¿Va a necesitar mañana el cortacésped?
Die Schere ist stumpf, man müsste sie schleifen.	Las tijeras no cortan (están romas), habría que afilarlas.
Die Sträucher wachsen sehr langsam.	Los arbustos crecen muy despacio.
Es sieht so aus, als hätten die Blätter Parasiten.	Parece que las hojas tienen parásitos.
Brauchen sie mehr Wasser?	Necesitan más agua?
Ich glaube, die Erde ist zu feucht.	Creo que la tierra está demasiado húmeda.

Ich glaube, der Boden ist zu trocken.	Creo que el suelo está demasiado seco.
Diese Pflanzen müssen gegossen werden.	Hay que regar estas plantas.
Können Sie die Rosenstöcke stutzen?	¿Puede podar los rosales?
Ich muss den Rasen düngen.	Tengo que abonar el césped.
Die Blumen sind schon gedüngt.	Las flores ya están abonadas.
Ich habe keine Mäuse gesehen.	No he visto ratones.
Sprengen Sie bitte jeden zweiten Tag.	Por favor ponga el aspersor cada dos días.
Die Obstbäume tragen keine Früchte.	Los frutales no dan fruto.
Die Blätter der Zitronenbäume sind zerknittert.	Las hojas de los limoneros están arrugadas.
Die Mandelbäume sehen gut aus. Wie alt sind sie?	Los almendros tienen buen aspecto. ¿Qué tiempo tienen?
Ich baue Erdbeeren an, habe aber auch einige Obstbäume.	Cultivo fresas, pero también tengo algunos frutales.
Diese Kakteen blühen nur einmal im Jahr.	Estos cactus sólo florecen una vez al año.
Mögen Sie Kakteen? Oder mögen Sie lieber Blumen?	¿Le gustan los cactus? ¿O prefiere las flores?
Gefällt Ihnen diese Ecke, so wie sie ist?	¿Le gusta este rincón, tal y comoestá?
Ich würde keine Insekten- vernichtungsmittel nehmen.	Yo no utilizaría insecticidas.
Sie sollten die Erde umgraben und sie düngen.	Debería remover la tierra y abonarla.

Tut Pferdemist diesen Pflanzen gut?	El estiércol de caballo, ¿les va bien a estas plantas?
Nach dem Sturm lagen Äste, Zweige und Blätter überall herum.	Después de la tormenta había ramas, ramitas y hojas por todas partes.
Wie viele Sträucher sind kaputt gegangen? Gibt es viele Schäden?	¿Cuántos arbustos se han estropeado? ¿Hay muchos daños?
Ich habe Libellenlarven im Teich gesehen.	He visto larvas de libélula en el estanque.
Ich mähe den Rasen, gieße, stutze die Zweige und dünge alles.	Corto el césped, riego, podo las ramas y abono todo.
Sie sollten diese Blumen umpflanzen. Im Schatten gedeihen sie besser.	Debería trasplantar estas flores. A la sombra crecen mejor.
Die Sonne vertragen sie sehr gut, aber sie brauchen viel Wasser.	Soportan muy bien el sol, pero necesitan mucha agua.
Es ist wichtig ein Gleichgewicht zu schaffen, damit alles funktioniert.	Es importante conseguir un equilibrio, para que todo funcione.
Welche Werkzeuge brauchen Sie?	¿Qué herramientas necesita?
Die schnell wachsenden Pflanzen sollten hinter den langsam wachsenden stehen.	Las plantas de crecimiento rápido deberían estar detrás de las de crecimiento lento.

30 Der Computer * El ordenador

❏ **Wortschatz**

der Computer
der Laptop
der Monitor
der Bildschirm
der Desktop
die Tastatur
die Maus (kabellos)
der Drucker
die Tintenpatrone
das Kabel
die Lautsprecher

❏ **vocabulario**

el ordenador (de sobremesa)
el ordenador portátil
el monitor
la pantalla
el escritorio
el teclado
el ratón (inalámbrico)
la impresora
el cartucho de tinta
el cable
los altavoces

❏ **die Tastatur**

die Tasten
die Buchstaben

❏ **el teclado**

las teclas
las letras

die Leertaste	la barra de espacio
Großbuchstaben	letras mayúsculas
Kleinbuchstaben	letras minúsculas
die Zahlen	los números
@ / at	arroba
Gedankenstrich	guión
Schrägstrich	barra

Beachten Sie:

Alle Buchstaben sind weiblich:
la A (a)
la B (be)
la C (ce)
la D (de)
...

Alle Zahlen sind männlich:
el 1 (uno)
el 2 (dos)
el 3 (tres)
el 4 (cuatro)
...

groß geschrieben	con mayúscula
klein geschrieben	con minúscula
fettgedruckt	en negrita
in Schrägschrift	en cursiva
das Programm	el programa
die Applikation	la aplicación
der Ordner	la carpeta
die Datei	el archivo

das Dokument	el documento
der Text	el texto
die Zeile	la línea
der Absatz	el párrafo
das Passwort	la clave

die Festplatte	el disco duro
der USB-Stick	el pendrive
die CD	el CD (cedé)
die DVD	el DVD (de-uve-de)
die Kopfhörer	los auriculares, los cascos
die Webcam	la cámara web
das Mikrophon	el micrófono
die Soundkarte	la tarjeta de sonido
die Grafikkarte	la tarjeta gráfica

❏ *Tätigkeiten* | ❏ **acciones**

einschalten	encender
ausschalten	apagar
schreiben	escribir
(ab)speichern	guardar
auf CD brennen	grabar en CD
kopieren	copiar
(aus)drucken	imprimir
löschen	eliminar

einfügen	pegar
auswählen	seleccionar
ausschneiden	cortar
unterstreichen	subrayar
(ein)tippen (eingeben)	escribir
klicken	hacer clic
doppelklicken	hacer doble clic

❑ **Internet**

❑ **Internet**

die Internetverbindung	la conexión a Internet
die Flatrate	la tarifa plana
Internet-Surfer/in	el/la internauta
das Modem	el módem
der Router	el rúter
der Server	el servidor
die Website	la página web
das Virus	el virus
das Antivirusprogramm	el antivirus
die Firewall	el cortafuegos
das Fenster	la ventana
die Menüleiste	la barra de herramientas
der Benutzer	el usuario
die Internetadresse	la dirección en Internet
die E-Mail-Adresse	la dirección de correo electrónico
die E-Mail	el e-mail

❏ *Tätigkeiten*

senden

downloaden, runterladen

uploaden, hochladen

surfen

mailen

installieren

chatten

❏ **acciones**

enviar

descargar

subir

navegar

enviar un mail

instalar

chatear

❏ *Im Internet*

Ich möchte eine E-Mail schicken.

Chatten Sie viel?

Ja, Ich chatte gern.

Ich habe 5 E-Mails bekommen.

Ich glaube, der PC hat ein Virus.

Der Drucker geht nicht.

Du kannst dieses Programm herunterladen.

In welchem Ordner kann ich diese Datei abspeichern?

Darf ich diese Datei löschen?

Ich finde den Ordner mit den Urlaubsfotos nicht.

Die gelöschten Dateien sind im Papierkorb.

❏ **en Internet**

Quiero enviar un e-mail (un correo electrónico).

¿Chatea mucho?

Sí, me gusta chatear.

He recibido 5 e-mails.

Creo que el ordenador tiene un virus.

La impresora no funciona.

Puedes descargar este programa.

¿En qué carpeta puedo guardar este archivo?

¿Puedo eliminar este archivo?

No encuentro la carpeta con las fotos de las vacaciones.

Los archivos eliminados están en la papelera.

Der Rechner geht zu langsam.	El ordenador anda demasiado lento.
Können Sie mir Ihre Internetadresse geben?	¿Puede darme su dirección en Internet?
Muss ich das in die Suchmaschine eingeben?	¿Tengo que escribir esto en el buscador?
Die Internetsurfer haben es jeden Tag schwieriger.	Los internautas lo tienen cada día más difícil.
Haben Sie Internetzugang?	¿Tiene acceso a Internet?
Wie kann ich diesen Text unterstreichen?	¿Cómo puedo subrayar este texto?
Soll ich das fettgedruckt oder in Schrägschrift schreiben?	¿Lo escribo en negrita o en cursiva?
Klicken Sie die Schriftart an.	Haga clic en »fuente«.
Es befindet sich in der Toolleiste.	Está en la barra de herramientas.

❏ *Ich brauche . . .*   ❏ **Necesito . . .**

einen Gärtner / eine Gärtnerin	un jardinero / una jardinera
einen Schlosser	un cerrajero
eine Haushaltshilfe	una asistenta
einen Schreiner	un carpintero
Möbeltischler	un ebanista
Maurer	un albañil
Elektriker	un electricista
Klempner	un fontanero
Antennenbauer	un antenista
Arzt / Ärztin	un médico / una médica
Krankenschwester / -pfleger	una enfermera / un enfermero
Informatiker	un informático
Sekretärin	una secretaria
Köchin / Koch	una cocinera / un cocinero
Maler	un pintor
Polsterer	un tapicero

Verkäufer/in	un vendedor / una vendedora un dependiente / una dependienta
Autospengler / -flaschner	un chapista
Mechaniker	un mecánico
Techniker	un técnico
Anwalt / Anwältin	un abogado / una abogada
Notar	un notario
Kindermädchen	una niñera
Schuster	un zapatero
Taxifahrer	un taxista
Schmied	un herrero
Übersetzer/in	un/a traductor/a
Dolmetscher/in	un/a intérprete

❏ *Geschäfte* | ❏ **negocios, comercios**

die Lackiererei	el taller de pintura
die Autowerkstatt	el taller de coches
die Anwaltskanzlei	el bufete de abogados
das Büro zur Erledigung amtlicher Formalitäten	la gestoría
das Blumengeschäft	la floristería 
das Büro	la oficina
der Laden	la tienda
der Supermarkt	el supermercado
die Färberei / chem. Reinigung	la tintorería

die Arztpraxis	la consulta médica / el consultorio médico
das Gartencenter	el centro de jardinería
der Eisenwarenhandel	la ferretería
der Kurzwarenhandel	la mercería
die Metzgerei, Fleischerei	la carnicería
der Fischladen	la pescadería 
der Wurstwarenhandel	la charcutería
der Markt, die Markthalle	el mercado
der Markt, Wochenmarkt	el mercadillo
der Flohmarkt, Trödelmarkt	el rastro
der Optiker	la óptica
die Schuhmacherwerkstatt	la zapatería 
das Schuhgeschäft	la zapatería
das Kleidergeschäft	la tienda de ropa
das Sportgeschäft	la tienda de deporte

❏ *Sätze*   ❏ frases

Ich brauche einen Maler. Die Küche muss gestrichen werden.	Necesito un pintor. Hay que pintar la cocina.
Wir brauchen einen Anwalt. Wir haben Probleme mit einigen Eigentümern.	Necesitamos un abogado. Tenemos problemas con algunos propietarios.
Ich brauche einen Schlosser, habe meinen Schlüssel in der Wohnung vergessen.	Necesito un cerrajero, he olvidado la llave en mi vivienda.

In dieser Metzgerei gibt es die beste Wurst.	En esta charcutería tienen el mejor embutido.
Ein Polsterer müsste sich die Couchgarnitur anschauen.	Un tapicero debería ver el tresillo.
Morgen bringe ich mein Auto in die Autowerkstatt.	Mañana voy a llevar el coche al taller.
Brauchen Sie einen guten Maurer? Ich habe seine Telefonnummer.	¿Necesita un buen albañil? Tengo su número de teléfono.
Ich muss zum Optiker, das Gestell meiner Brille ist kaputt.	Tengo que ir a la óptica, la montura de mis gafas está rota.
Ich muss zu Hause bleiben, der Schreiner kommt um 17 Uhr.	Tengo que quedarme en casa, el carpintero va a venir a las cinco de la tarde.
Was würde es kosten, den Wagen zu lackieren?	¿Qué costaría pintar el coche?
Das Abflussrohr in der Küche ist verstopft. Kennen Sie einen guten Klempner?	La tubería del desagüe de la cocina está atascada. ¿Conoce un buen fontanero?

Übung   ## Ejercicio

Suchen Sie nach Gemeinsamkeiten und verbinden Sie die linke Spalte mit der rechten:

Ich suche einen / eine ..., weil...	**Busco un / una..., porque...**
1 carnicería	1 Tengo que arreglar diferentes cosas con la administración y no sé cómo hacerlo.
2 pescadería	2 Creo que los frenos están mal.
3 albañil	3 Los cables del garaje no tienen corriente.
4 gestoría	4 Quiero vender cosas viejas: ropa, aparatos, figuras, cuadros...
5 fontanero	5 Necesito un kilo de filetes de vaca.
6 electricista	6 Hay que arreglar el muro de mi jardín.
7 taller de coches	7 Mi empresa me ha despedido sin motivo.
8 abogado	8 Queremos ir al cine, pero no queremos dejar a los niños solos.
9 rastro	9 Busco truchas y atún.
10 niñera	10 El grifo del lavabo está roto.

Lösung: 1/5; 2/9; 3/6; 4/1; 5/10; 6/3; 7/2; 8/7; 9/4; 10/8

Der Autor, LUIS RAMOS ORDOQUI (geboren 1955 in San Sebastián, Guipúzcoa, Nordspanien), verbrachte seine Jugend in Nürnberg. Er ließ sich zum Fremdsprachenkorrespondenten ausbilden, arbeitete als Deutschlehrer, als Dozent für Spanisch, als Dolmetscher und engagierte sich in diversen kulturellen und journalistischen Projekten. 1983 kehrt er nach Spanien zurück, lebt mit seiner Familie zunächst in Bilbao und seit 1995 auf Teneriffa. Hier unterrichtet er Privatschüler an seiner Akademie »Idiomas Luis«.

Lesen Sie auch:

Spanisch im Alltag 1

Mit diesem praktischen Sprachführer findet sich der Spanisch-Anfänger schnell am Urlaubsort zurecht, sei es im Taxi, an der Rezeption, am Post- oder Bankschalter, bei Freunden zu Hause und in vielen anderen Alltagssituationen.

Über 500 Redewendungen, Vokabeln und praktische Tipps. Illustriert von Karin Tauer.

Der erste Band des praktischen Sprachführers von Luis Ramos.

ISBN 978-84-934857-1-9

Sprachen lernen

Spanisch
im Alltag

ZECH

Luis Ramos 1

Spanisch
im Alltag

Luis Ramos 2

Weitere Bücher aus dem Zech-Verlag

Harraga

Im Netz der Menschenhändler
Politischer Kriminalroman
von Antonio Lozano

Khalid, ein junger Kellner aus der
Medina von Tanger, träumt von
einem besseren Leben in Europa.
Über einen
marokkanischen
Landsmann
kommt er nach
Granada. Gefangen zwischen
den Erwartungen
seiner armen
Familie und seinem
neuen Leben im
vermeintlichen
Paradies, steht er bald in einer
tödlichen Sackgasse...

Flüchtlingsdrama an der Meerenge
von Gibraltar: Korruption, Menschenhandel, Mord, Verzweiflung.
Antonio Lozano schildert in diesem
Roman hautnah eine menschliche
Tragödie, wie sie sich täglich
hundertfach an den Grenzen der
»Festung Europa« abspielt.

Zech Verlag, 2011, Übers. von
Dorothée Leipoldt und Verena Zech,
ISBN 978-84-938151-1-0
Deutsche Erstausgabe

Harraga

Novela negra
de Antonio Lozano

Jalid, un joven camarero del tangerino Café de París, sueña con otros
mundos. Sale en su búsqueda de la
mano de un amigo afincado en Granada, y su ruta se convierte en una
corriente de aguas turbias contra la
que le será imposible nadar. Desde
las tinieblas, el relato de la bajada al
abismo de un joven
tangerino atrapado
entre la tradición
y su nueva vida,
y abocado a elegir
entre dos caminos,
en un laberinto en
que ninguno de ellos conduce al
paraíso soñado...
Entre idas y vueltas, tráfico de
drogas y de seres humanos, el
escritor nos relata en esta novela
negra sobre corrupción política el
drama que se ven obligados a vivir
todos los que desean salir de la
extrema pobreza e ir en pos de su
sueño europeo.

Editorial Zech, 2011
978-84-938151-2-7
Original in Spanisch

Der König von Taoro

Historischer Roman
Von Horst Uden
Der historische Roman
der Eroberung Tene-
riffas. Lassen Sie sich
verführen zu einer Zeit-
reise ins 15. Jahrhdt.
Horst Udens Bestseller ist spannend
und unterhaltsam von der ersten bis
zur letzten Zeile.
ISBN 978-84-933108-4-4

El rey de Taoro

Novela histórica
De Horst Uden
La novela histórica
de la conquista de
Tenerife. Déjese invi-
tar a un viaje por el
tiempo en el siglo XV.
El bestseller der Horst Uden es
ameno y cautivador de principio a
fin. ISBN 978-84-933108-1-3

Unter dem Drachenbaum

Legenden und Über-
lieferungen von den
Kanarischen Inseln
Von Horst Uden, ISBN
978-84-934857-2-0

Bajo el drago

Leyendas y tradiciones de las islas
Canarias, narradas con maestría
De Horst Uden
ISBN 978-84-933108-3-7

Tanausú, rey de los guanches

De Harald Braem
De forma paralela al
descubrimiento de
América por Cristó-
bal Colón, Alonso de
Lugo conquista la Isla de la Palma,
la penúltima de las siete Islas Canarias que aún no había sido sometida
a los Reyes Católicos. En 1492
llega De Lugo con tres navíos a la
costa occidental de la isla.
ISBN 978-84-933108-5-1

Tanausú, König der Guanchen

Von Harald Braem
Während Kolumbus sich aufmacht,
Amerika zu entdecken, will der
Spanier Alonso de Lugo La Palma
erobern, die einzige Kanaren-Insel
neben Teneriffa, die noch nicht den
Katholischen Königen unterworfen
ist. 1492 landet er mit drei Schiffen
vor der Westküste La Palmas.
ISBN 978-84-933108-0-6

Alexander von Humboldt
Seine Woche auf Teneriffa
1799

Von Alfred Gebauer

Alexander von Humboldts erste Station zu Beginn seiner fünfjährigen Forschungsreise nach Südamerika  war die Insel Teneriffa. Dieser Aufenthalt 1799 dauerte eine Woche. Er bestieg den Vulkan Teide und maß dessen Höhe mit außerordentlicher Genauigkeit, studierte die Insel in geologischer, botanischer, astronomischer Hinsicht, besuchte den großen Drachenbaum in La Orotava und entwickelte seine Wissenschaft von der Pflanzengeographie.

Leben und Wirken des berühmten deutschen Forschers und Gelehrten. Originaltexte und Zeichnungen aus Humboldts historischem Reisebericht. Zahlreiche Illustrationen und Erläuterungen zur Natur und Geschichte Teneriffas. Vorwort von Ottmar Ette.

ISBN 978-84-934857-6-4

Alejandro de Humboldt
Su semana en Tenerife
1799

De Alfred Gebauer

La primera escala en el largo viaje de Alejandro de Humboldt a Sudamérica fue la isla de Tenerife. Esta estancia en 1799 duró una semana. Humboldt ascendió al volcán Teide y midió su altura con bastante exactitud; estudió la isla y sus aspectos geológicos, botánicos  y astronómicos; visitó el drago milenario en La Orotava y desarrolló su ciencia de la geografía de las plantas.

Vida y obra del famoso naturalista y erudito alemán. Textos y grabados originales de la obra de Humboldt. Numerosas ilustraciones y explicaciones de la naturaleza e historia de Tenerife. Prólogo de Ottmar Ette.

Traduccion de Lisandro Alvarado y Jordi Vidal Moral
Editorial Zech 2014
ISBN 978-84-938151-9-6

Nuevo en castellano

Auf den Spuren
der Ureinwohner

Ein archäologischer Reiseführer
für die Kanaren

von Harald Braem

 Spannende
Entdeckungs-
touren auf
Teneriffa,
Gran
Canaria, La
Palma, La
Gomera, El
Hierro, Lanza-
rote, Fuerte-
ventura.

Der bekannte Buch- und Filmautor
Harald Braem forscht seit 25 Jahren
auf den Kanaren. Folgen Sie ihm auf
den Spuren der Ureinwohner zu Kul-
tplätzen, Höhlen, Pyramiden und zu
rätselhaften Zeichen einer geheimnis-
vollen, versunkenen Kultur...
Mit zahlreichen Illustrationen.
ISBN 978-84-934857-3-3

Tras las huellas
de los aborígenes

Guía arqueológica de Canarias

de Harald Braem

 Emocionan-
tes rutas de
exploración
por Tenerife,
Gran
Canaria, La
Palma, La
Gomera,
El Hierro,
Lanzarote y
Fuerteven-
tura.

El reconocido autor de libros y
realizador televisión Harald Braem
lleva investigando 25 años en las
islas Canarias. Acompáñele tras las
huellas de los aborígenes canarios a
lugares de culto, cuevas guanches,
pirámides y participe de su apasio-
nante aventura para descifrar los
misteriosos símbolos de una cultura
enigmática ya desaparecida...
Ilustrado con 12 mapas, 34 fotos y
más de 40 ilustraciones
ISBN 978-84-934857-9-5

Neu im Herbst 2013:

Canarisches Tagebuch
Teneriffa 1904-1906

Von Luise Schmidt
ISBN 978-84-938151-8-9

Luise Schmidt war zwanzig Jahre alt,
als sie im Februar 1904 den Dampfer
LUCIE WOERMANN nach den Kanarischen
Inseln bestieg, um eine Stelle als
Erzieherin auf Teneriffa anzutreten.
Drei Jahre lang arbeitete sie als
Hauslehrerin bei der Familie Trenkel im
Hotel Martiánez in »Port Orotava«.

Ihr Tagebuch nebst zahlreichen
Fotos, Postkarten, Briefen und
Zeitungsausschnitten hat sie sorgsam
in einem Kästchen aufbewahrt. Ihr
Enkel Klaus Matzdorff hat diese histo-
rischen Dokumente nun aufgearbeitet
und hier exklusiv veröffentlicht.

Ein authentischer, historischer Reisebericht über das Leben auf Teneriffa
um die Jahrhundertwende.

www.zech-verlag.com
Besuchen Sie unseren Internet-Shop!